Família
HARRAD REIS

UMA FAMÍLIA DE TODAS AS CORES E TODOS OS AMORES

Editora Appris Ltda.
1.ª Edição - Copyright© 2021 dos autores
Direitos de Edição Reservados à Editora Appris Ltda.

Nenhuma parte desta obra poderá ser utilizada indevidamente, sem estar de acordo com a Lei nº 9.610/98. Se incorreções forem encontradas, serão de exclusiva responsabilidade de seus organizadores. Foi realizado o Depósito Legal na Fundação Biblioteca Nacional, de acordo com as Leis nos 10.994, de 14/12/2004, e 12.192, de 14/01/2010.

Catalogação na Fonte
Elaborado por: Josefina A. S. Guedes
Bibliotecária CRB 9/870

R375f
2021

Reis, Toni
  Família Harrad Reis : uma família de todas as cores e todos os amores / Toni Reis, David Harrad. - 1. ed. - Curitiba : Appris, 2021.
  249 p. ; 23 cm.

  ISBN 978-65-250-0847-9

  1. Casais homossexuais. 2. Família. 3. Memória autobiográfica. I. Harrad, David. II. Título. III. Série.

CDD – 306.848

Appris
editora

Editora e Livraria Appris Ltda.
Av. Manoel Ribas, 2265 – Mercês
Curitiba/PR – CEP: 80810-002
Tel. (41) 3156 - 4731
www.editoraappris.com.br

Printed in Brazil
Impresso no Brasil

Toni Reis
David Harrad

Família
HARRAD
REIS

UMA FAMÍLIA DE TODAS AS CORES E TODOS OS AMORES

FICHA TÉCNICA

EDITORIAL	Augusto V. de A. Coelho
	Marli Caetano
	Sara C. de Andrade Coelho
COMITÊ EDITORIAL	Andréa Barbosa Gouveia (UFPR)
	Jacques de Lima Ferreira (UP)
	Marilda Aparecida Behrens (PUCPR)
	Ana El Achkar (UNIVERSO/RJ)
	Conrado Moreira Mendes (PUC-MG)
	Eliete Correia dos Santos (UEPB)
	Fabiano Santos (UERJ/IESP)
	Francinete Fernandes de Sousa (UEPB)
	Francisco Carlos Duarte (PUCPR)
	Francisco de Assis (Fiam-Faam, SP, Brasil)
	Juliana Reichert Assunção Tonelli (UEL)
	Maria Aparecida Barbosa (USP)
	Maria Helena Zamora (PUC-Rio)
	Maria Margarida de Andrade (Umack)
	Roque Ismael da Costa Güllich (UFFS)
	Toni Reis (UFPR)
	Valdomiro de Oliveira (UFPR)
	Valério Brusamolin (IFPR)
ASSESSORIA EDITORIAL	Natalia Lotz Mendes
REVISÃO	Natalia Lotz Mendes
PRODUÇÃO EDITORIAL	Fernando Nishijima
DIAGRAMAÇÃO	Daniela Baumguertner
CAPA	Fernando Nishijima
COMUNICAÇÃO	Carlos Eduardo Pereira
	Débora Nazário
	Karla Pipolo Olegário
LIVRARIAS E EVENTOS	Estevão Misael
GERÊNCIA DE FINANÇAS	Selma Maria Fernandes do Valle
COORDENADORA COMERCIAL	Angela Cristina Ramos

AGRADECIMENTOS

Nossos mais sinceros agradecimentos a todas as pessoas e instituições que nos ajudaram nesta caminhada, entre elas...

Às avós, Hália Pauliv e Araci Asinelli-Luz.

À Romy Oncken, à Valderes Hallu, ao Sérgio Junqueira, à Marise Félix, à Eliana Raitani e à Lucymara Correia.

Às doutoras Maria Berenice Dias, Monica Labuto, Silvana do Monte Moreira e Gianna Andreatta.

Ao ministro Marco Aurélio e à ministra Carmem Lúcia do Supremo Tribunal Federal.

Aos compadres Claudio e João no Rio de Janeiro e às(aos) nossas(os) comadres e compadres em Curitiba.

À Rafaelly Wiest, ao Lucas Siqueira e a todas as pessoas que atuam ou atuaram no Grupo Dignidade.

À Giorgette Bigfield.

Ao Grupo Escoteiro Takashi Maruo.

Ao Colégio Estadual Dezenove de Dezembro.

À Escola Municipal Batel.

Ao Colégio Estadual Professor Cleto.

À Sociedade Thalia.

À Editora Appris, na pessoa de Marli Caetano Andrade e sua equipe, pelo carinho com que nos atendem.

Ao Grupo Dignidade, à Aliança Nacional LGBTI+, à Rede GayLatino e à Associação Brasileira de Famílias Homotransafetivas.

E a todas as demais pessoas e instituições que estiveram conosco nesta trajetória.

Se você não é livre para ser você mesmo na questão mais importante de todas as atividades humanas – a expressão do amor – então a vida em si mesma perde seu sentido.

(Harvey Milk, primeiro vereador gay assumido nos Estados Unidos, assassinado em 1978).

APRESENTAÇÃO

Esta pequena história não tem como objetivo proporcionar um modelo de família homoafetiva, apenas dar exemplos para que as pessoas possam entender e respeitar cada vez mais as famílias que não se enquadram no modelo tradicional.

Não tem a pretensão de esgotar o assunto nem de servir como referência, mesmo porque a realidade de cada um é bastante diferente e variável. Contudo, certamente, haverá semelhanças com a experiência de vida de muitas pessoas que são lésbicas, gays, bissexuais, travestis, transexuais e intersexos (LGBTI+)[1]. Neste livro, usamos o termo "homossexualidade", porque parte dele trata da história de dois gays (homossexuais). O termo "homossexualidade", neste livro, não está sendo utilizado para se referir a toda a diversidade LGBTI+.

Algumas partes do livro trazem nossa história, sobretudo a respeito da descoberta da sexualidade e da homossexualidade. Nossa intenção em contar essas experiências é mostrar as dificuldades que tivemos, devido à repressão, à falta de conhecimento sobre a homossexualidade e à predominância da heteronormatividade[2], em nos identificarmos e, posteriormente, nos assumirmos como gays. Hoje, para muitas pessoas, o assunto da homossexualidade está muito mais presente na sociedade e não tão estigmatizado quanto na época da nossa juventude. Mesmo assim, para outras pessoas, a descoberta da própria homossexualidade, ou a de pessoas próximas, pode ser uma experiência que provoca dor, confusão, rejeição, tristeza e outros sentimentos negativos. Com nosso relato, queremos mostrar que é perfeitamente possível para uma pessoa homossexual viver de forma feliz e em harmonia consigo e com os

---

[1] Neste livro, o símbolo + foi acrescentado à sigla LGBTI para abranger outras orientações sexuais, identidades e expressões de gênero.

[2] "A capacidade da heterossexualidade apresentar-se como norma, a lei que regula e determina a impossibilidade de vida fora dos seus marcos" (BENTO, Berenice Alves de Melo. **O que é transexualidade?** São Paulo: Brasiliense, 2008. p. 80. (Primeiros Passos, n. 328).).

outros, mesmo que, às vezes, haja um caminho árduo a ser seguido até chegar a esse ponto.

Os nomes de algumas pessoas foram propositalmente trocados para evitar que sejam identificadas.

A maior parte da primeira versão do livro (*Direito de amar: a história de um casal gay*) foi elaborada no Parque Aquático de Quedas do Iguaçu-PR, em dezembro de 1995. Foi escrito em um contexto em que a homossexualidade era pouco desmistificada no Brasil e não se reconhecia oficialmente a união estável entre pessoas do mesmo sexo.

O livro foi revisado em 2021 e passou por leitura crítica por membros da nossa família estendida, que também opinaram. Foi atualizado com alguns dos principais acontecimentos na vida do casal nesse ínterim de 25 anos, principalmente a experiência da adoção dos nossos três filhos, Alyson, Jéssica e Filipe, a partir da nossa perspectiva e também da perspectiva deles. Foram adoções "tardias". Isto é, não os criamos desde bebês nem como crianças pequenas. Jéssica e Alyson já tinham 11 anos e Filipe tinha 8, e isso, em si, traz peculiaridades em nossas experiências conjuntas no campo da adoção.

Assim, passou a ser não apenas a história de um casal, mas a história de uma família de fato e de direito.

Boa leitura!

Toni, David, Alyson, Jéssica e Filipe Harrad Reis

PREFÁCIO

Passados 25 anos, Toni e David retomam as histórias de suas vidas. A partir de suas vivências para serem reconhecidos como família e, agora, pais de três filhos, conferimos profundas transformações na sociedade brasileira, que tem avanços a comemorar.

Apesar de o projeto de lei que propus em 1995 não ter sido aprovado pelo Legislativo, proporcionou inúmeros debates, incentivou reportagens, polêmicas na TV e a causa ganhou espaço e visibilidade, indo parar na sala de jantar. Uma grande parcela da população informou-se e as telenovelas, levando diferentes tipos de relacionamentos homossexuais aos lares, mantiveram a discussão acesa e quebraram resistências.

O Brasil de hoje é capaz de assistir na dramaturgia, além de entender e torcer pela felicidade de um casal homoafetivo, como vimos na novela *Amor à Vida* (Félix e Niko). Aconteceu o primeiro beijo gay numa telenovela. Entretanto, ao não assegurar em sua legislação e nas ações de segurança proteção e direitos de cidadania para as pessoas LGBTI+, percebemos que o caminho para acabar com o preconceito é longo e assume rumos bastante sérios.

O Judiciário, ao longo dos anos, tem sido o instrumento mais ousado e forte, posicionando-se na vanguarda, fazendo valer a união estável e o casamento para casais homoafetivos, e tem feito mais, assegurando o direito de adoção, entre outros que vão sendo pleiteados em nome da isonomia com heterossexuais.

Fica aqui minha homenagem e carinho a esse casal lutador, pioneiro na defesa dos direitos LGBTI+, desejando tudo de bom a toda a sua família.

Marta Suplicy, maio de 2021

SUMÁRIO

NOSSO ENCONTRO – COMO A FAMÍLIA COMEÇOU..............15

RELATO DO TONI 19

RELATO DO DAVID 49

O NAMORO 89

ATIVISMO E MILITÂNCIA 103

O ESTRANGEIRO GAY NO BRASIL.........................131

O FUNCIONAMENTO DA RELAÇÃO 141

ADOÇÃO – A FAMÍLIA CRESCEU...........................159

O QUE PERGUNTAM SOBRE NOSSA FAMÍLIA 183

A EDUCAÇÃO DOS FILHOS E DA FILHA 191

UMA PALAVRA FINAL PARA MÃES E PAIS
QUE TÊM FILHOS LGBTI+ 229

EPÍLOGO 237

NOSSO ENCONTRO – COMO A FAMÍLIA COMEÇOU

Foi numa noite de inverno, no dia 29 de março de 1990, em Highgate Station, no norte de Londres. Uma estação de metrô antiga e muito profunda com escadas rolantes quase a perder de vista. Eu já tinha visto o rapaz dentro do trem. Estava bem vestido: um sobretudo, terno e gravata. Bigode, cabelo bonito, barba feita e perfumado. Olhei aquele homem na escada e me senti atraído. Na saída da estação, ele caminhava devagar. Olhou para trás. Parei. Ele voltou e falei:

— You is English?

E ele já me corrigiu.

— Are you English?

Ele perguntou de onde eu era. Falei que era italiano. Menti, porque sentia que na Europa havia muita discriminação e preconceito contra as pessoas da América Latina.

Começamos a dialogar. Fazia apenas duas semanas que eu estava em Londres e não falava quase nada de inglês. Ele não falava português, mas falava francês. Conseguimos nos entender. Ele estava muito tímido. Fomos caminhando para casa. O caminho passa por um parque chamado Highgate Woods. De repente, ele pegou minha mão e me levou para dentro do bosque. Conversamos durante uma hora, nos conhecendo. Depois fomos para casa a pé, mais ou menos meia hora de caminhada, conversando.

Falei do Brasil, da comida, da dança, do samba e fazia perguntas.

— O que você sabe do Brasil?

Ele respondeu:

— Amazônia, Rio de Janeiro, Carnaval.

Chegamos em frente ao apartamento onde eu morava. Eu queria vê-lo novamente e ficamos conversando. Ele insistia que não podia, porque era casado, com uma mulher. Finalmente, chegamos a uma conclusão. Marcamos para a segunda-feira, próximo às 19h, no meu apartamento.

Ele chegou às 19h em ponto, pontual como um bom britânico. Eu já tinha lavado e arrumado tudo. Escovei os dentes três vezes naquele dia. Limpei o banheiro, coloquei perfume, acendi incenso. A campainha tocou. Desci as escadas com o coração na mão. Só consegui falar "Oi!", puxei-o pela gravata e... nosso amor foi ensurdecedor, tudo parou nesse momento, só ouvíamos os nossos corações batendo, nossas almas se unindo, éramos um, somente um. Ele trouxe comida e uma garrafa de vinho. Depois jantamos. Conversamos muito e senti que estava começando a me apaixonar. Era impossível não se apaixonar por um homem tão carinhoso, atencioso, gentil e cavalheiro. Enquanto ele falava de seu país, eu estava devaneando lembrando-me dos minutos passados com ele. Para mim, já eram anos.

Assim começou nossa história. Mas, antes, quem eu era? Quem ele era? Vamos saber, agora, pois iremos contar sobre nossas vidas, antes de nos encontrarmos.

RELATO DO TONI

Infância

Nasci em Limeira, distrito de Coronel Vivida, uma cidade do sudoeste do Paraná, no dia 20 de junho de 1964. Sou do signo de gêmeos, o que explica minha personalidade bastante diversificada. A família era bastante pobre. Sou fruto de uma mistura de raças: português, espanhol, alemão e índio (Guarani).

Tinha muitos irmãos. É difícil lembrar quantos, porque as circunstâncias da vida na zona rural eram precárias, levando muitos dos meus irmãos a irem encontrar-se com Deus muito cedo. Morreram muitos. Marli, irmãzinha querida, despediu-se dessa vida com oito meses. O meu irmão sapequinha, Nilson, chegou até a adolescência, 14 anos, e se foi. Foi-se por um motivo fugaz: ao subir em uma árvore, pisou em um espinho e, por não ter sido vacinado, morreu de tétano. O Alci foi morto pelo marido de sua ex-esposa, aos 28 anos. O Neu morreu aos 30 anos com um ataque epilético, numa piscina, no dia 31 de dezembro de 1987. O Helmut também já morreu.

A minha existência, até hoje, tendo minha família passado por tantas desgraças, é providencial. A minha jornada neste mundo é realmente vontade de Deus. Dou graças a Deus que ainda estou vivo! Dos meus irmãos que sobreviveram, agora só tem o Nelson, que é casado e tem filhos. Sou o caçula do primeiro casamento da minha mãe. Mais tarde, ela teve uma filha, Vera Lúcia. Tenho pouquíssimo contato com eles.

Minha mãe nasceu no Paraná, numa região tradicionalista onde moram pessoas do Rio Grande do Sul, vindas para a colo-

Local em Limeira onde ficava nossa casa

nização. Meu pai, gaúcho de nascença, de São Leopoldo, veio para o Paraná. Como dizia minha avó, "no lombo do cavalo". Usava trajes de gaúcho. Dizem que era muito caprichoso e quando saía para ir aos bailes, subia numa cadeira para colocar as bombachas a fim de não as amassar. Minha mãe conta que, quando se casou, ele tinha muito dinheiro, mas meu pai tinha muitas dificuldades com a fidelidade a uma mulher, sendo assim, seu dinheiro foi consumido pelo hábito de cultivar muitos amores. Era muito mulherengo e gastava com outras mulheres ou em festas.

 Meu pai tirou a própria vida, enforcou-se. Até hoje não se sabe o porquê. Eu tinha 1 ano de idade. Segundo minha mãe, ele morreu num sábado, na hora do almoço. Ela tinha "carneado" um porco e estava cozinhando o almoço. Meu pai desceu comigo no colo e me colocou em cima de um saco de milho, amarrou uma corda no porão e se enforcou. Várias foram as versões que ouvi. Uma, que ele tinha brigado com um policial, outra, que ele estava devendo dinheiro. Alguns dos seus parentes acusaram minha mãe de tê-lo matado, mas depois ela provou que na hora em que ele estava morrendo, ela ainda levou água para tentar salvá-lo e um espelho para ver se ainda respirava.

 Minha mãe contava que as sete crianças não tinham roupas para ir à missa do sétimo dia. Então, desmanchou algumas roupas do meu falecido pai e fez roupas para as crianças. Tudo isso aconteceu em Limeira.

 Vivemos em Limeira até os meus 5 anos de idade. Era uma casa de madeira típica do interior. Tinha muitas árvores frutíferas, como lima, bergamota e laranja. Meus irmãos jogavam bola e queriam que eu jogasse também. Mas eu não queria e chorava. Então, eles diziam:

 — Tudo bem. Você não vai jogar bola, mas você vai ser "gandula".

 Eu sempre sofri muito com meus irmãos nesse sentido. Eles jogavam a bola dentro dos "aipinzeiros", árvores cheias de espinhos. Eu tinha que entrar para pegar a bola. Na verdade, não era uma bola, mas uma meia velha que eles enchiam de pano. Para mim, era a maior tristeza quando eles diziam "vamos jogar bola". O Nelson era bravo e batia em todo mundo, sobretudo quando a nossa mãe não estava em casa. Ele obrigava todos nós a jogar bola. Rezávamos para que a mãe não saísse para fazer compras em Coronel Vivida. Por outro lado, minha felicidade, nessa idade, era quando minha mãe voltava das compras. Ela trazia bananas. Eu gostava muito.

 Quando minha mãe estava em casa, ninguém precisava jogar aquela maldita bola. Então, eu e o Neu, meu irmão, brincávamos de casinha. Eu juntava todos os caquinhos de vidro. Era a prataria da casa. Eu ficava na casinha, cuidando. Eu era a mãe. Neu era o pai. Os vizinhos eram os filhos. Ele fazia um caminhãozinho de palma e viajava, enquanto eu ficava em casa fazendo a comidinha. Cortava uns capins. Todos comiam e depois eu lavava a louça e fazia todo o serviço da casinha!

 No Natal era aquela festa! Meus irmãos ganhavam caminhõezinhos e bolas. Eu, como menino, também ganhava. Só que, ao invés de fazer o "uso correto" da bola e do caminhãozinho, eu os colocava como enfeites da minha "cozinha". Pegava um carvão e fazia olhinho, narizinho e boquinha na bola, que se transformava em meu neném. Então, fazia-o dormir. O nome da boneca/bola era Maria Isabel!

 Também lembro que meus irmãos mais velhos andavam comentando suas histórias de sexo, que me fascinavam. Os dois mais velhos já tinham por volta de 18 anos. As casas eram muito longe umas das outras e as meninas passavam na rua, uma estrada de chão. Meus irmãos diziam:

— Se a gente matar um gavião, tirar aquele espinho que tem na ponta da asa e colocar nas pegadas de uma menina, é só falar com ela que já se oferece a trepar.

De acordo com eles, dava certo, e diziam para mim:

— Quando você crescer, vai ter que fazer isso.

Eu nunca fiz! Outro era:

— Matar um passarinho, uma corruíra, secar bem até virar pó e depois colocar num vidro de perfume (na época, Avanço). Aí espirrar nas pernas e coxas das meninas, principalmente em festas e bailes. É pá buf! É só cantar a menina que ela já dá.

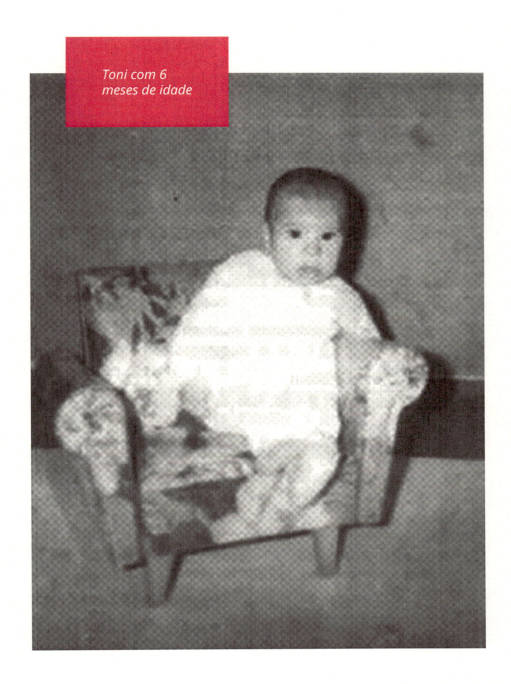
Toni com 6 meses de idade

Os mais velhos tinham "n" receitas para conquistas.

Quando eu tinha 5 anos, mudamo-nos para Coronel Vivida, a "capital" do meu distrito. É uma cidade pequena. Ficamos lá por dois anos e eu continuava brincando de casinha. Houve um fato que foi para mim um trauma. Meus irmãos tinham mania de apelidar as pessoas.

Havia as "camangas", grupos de rapazes. Eles faziam buracos na beira do rio, que tinha uma barranca alta, onde colocavam velas. Cada um dos rapazes mais velhos tinha sua toca para levar as meninas e fazer sexo com elas.

Eu era mais delicado que eles. Uma vez nós estávamos conversando, lembro como se fosse hoje. O Ney, que era filho de uma amiga da minha mãe, falou que, acima de tudo:

"Gosto de 'fazer' piá, porque já 'fiz' o Antonio Luiz e gostei.".

Ele estava falando de mim, mas não era verdade.

Aquilo se espalhou na vizinhança e o meu apelido ficou sendo "Brecha do Ney". Para mim, isso era a coisa mais triste da vida. Minha mãe me protegia, brigava com eles e falava:

— Parem com esse apelido!

Uma vez, cortaram meu cabelo e erraram, de modo que ficou uma entrada nele. Meus irmãos diziam:

— Olha lá a brecha do Ney. É aí que o Ney entra!

Lembro que, nessa época, viajamos para Irati de Palmas e conheci a família de minha mãe (só conheci a família de meu pai quando tinha 18 anos). Lá tinha um priminho. Fomos brincar e lembro que ficamos excitados. Mas eu não sabia nada sobre sexo. Acho que tinha uns 7 anos. Só sei que penetrei o piazinho.

Também me lembro de olhar muito meu pênis e, às vezes, ficava excitado. Era maior do que os dos outros meninos. Meus irmãos tinham tantas crendices, e entre eles diziam:

— Se você tocar punheta, vai criar pelo na mão; se você comer menina, piá, teu pau vai ficar bem grande.

E eu pensava:

— Que ótimo, meu pinto vai ficar bem grande!

Depois, aos 7 anos, mudamo-nos para Pato Branco. Até os meus 13 anos, mudamos 22 vezes de casa. Em Pato Branco, moramos no centro e também nos bairros. Mas, lembro-me, sobretudo, do lugar chamado Encruzilhada, um distrito de Vitorino, onde ficamos por dois anos. Comecei a ir para a escola e a estudar. Estudei o primário. Em Encruzilhada, meu ídolo era a professora Maria. Eu a achava tão bonita. Além de ser professora, era dona de um "bolão". Eu a adorava.

Maria foi minha catequista. Usava uma calça de veludo vermelha, boca de sino, com mais ou menos 70 centímetros de boca. Eu pensava:

— Se um dia eu crescer, quando eu crescer, quero ter uma calça igual.

Tinha um boato de que ela mantinha relações sexuais com o guardião do posto. Maria era uma solteirona na época. Cuidava da igreja. As pessoas falavam que ela fazia sexo com o guardião dentro da própria igreja. Para não fazer pecado, ela cobria todos os santos e o Jesus crucificado. Todo mundo comentava. Eu sentia pena e pensava: "ela não faz isso".

Eu não queria que falassem mal dela. Gostava tanto da Maria que não queria que ninguém falasse mal dela.

Nessa época, eu me sentia feliz em ir à igreja, ia muito, até me tornei "papa-hóstias". Minha mãe sempre foi muito católica, muito beata. No Dia das Mães, eu fazia homenagem para a minha. Lembro-me de uma poesia que declamava na frente de todo mundo, na igreja:

— Mãe é uma só que a gente tem no mundo. Mãe é um amor mais puro e mais profundo.

Todo mundo chorava enquanto eu declamava a poesia.

Eu brincava de padre. Vestia o vestido e os sapatos de minha mãe. Cortava uma banana em rodelas e colocava-a numa taça como se fosse um cálice. Rezava missa, com uns sete ou oito amiguinhos e amiguinhas. Eu pegava a liturgia do domingo e a rezava completa. Se algum dos meus amiguinhos não ficasse sentado direitinho, eu batia. Se não ficassem quietos, eles não recebiam a santa hóstia, que era uma bolacha Maria ou uma banana cortada em rodelas. Para ganhar a banana, eles tinham que esperar até o fim da missa. Era tudo tão sincero e puro que, para mim, era a "verdadeira missa". Nisso, as rodelas de banana ficavam pretas.

Eu ia para a escola. A aula começava às 13h e, às 10h30, eu já estava esperando na frente da escola. Estudava muito. Sempre fui um aluno muito estudioso, muito aplicado. Distanciei-me um pouco dos meus irmãos. O Helmut ficou em Coronel Vivida e o Neu também. Depois o Neu veio morar conosco.

Na Encruzilhada, fiz a primeira comunhão. Comecei a rezar e a desejar ser padre.

Em Pato Branco, eu também trabalhava de engraxate, mesmo com menos de 10 anos de idade. Tinha uma caixa de madeira, escovas e graxa de sapato e andava pela cidade ganhando meu dinheirinho.

Estava com uns 10 anos quando nos mudamos para Quedas do Iguaçu. Meu irmão Alci tinha se casado e morava lá. Ele pediu para minha mãe ir morar com ele. Hoje, adoto Quedas do Iguaçu como minha cidade natal, porque é dessa época que me lembro de mais detalhes da minha vida. Comecei a estudar no Colégio Anchieta, na quinta série. O estudo era muito avançado em Quedas, comparado com Encruzilhada. Tive que me adaptar e foi muito difícil no novo colégio, muito diferente. Era um colégio de freiras. Tinha a irmã Madalena, que dava aula de Português e Inglês e era muito exigente, porém depois ela deixou o hábito, e a professora Petrônia, que também exigia muito dos estudantes.

Os meus irmãos Neu e Alci trabalhavam na funilaria e o Helmut trabalhava na borracharia. Profissões de macho! Para mim, era a pior coisa que havia no mundo. Mandaram-me trabalhar na borracharia. Quando chegava lá, eles me davam uma ferramenta. Eu não demorava muito para largar o serviço e ir lavar minhas mãos e limpar minhas unhas. Fazia de tudo para não sujar minha roupa. Daí me tiraram da borracharia e disseram:

— O piá não serve pra gente.

Em seguida, colocaram-me para trabalhar na funilaria, mas não conseguia fazer força e não gostava de sujar minhas mãos e roupas. Não queria trabalhar assim. Falei para a mãe que queria fazer datilografia e trabalhar no escritório. Aprendi e me colocaram para cuidar do escritório e fazer cheques e notas.

O despertar do ser diferente

A partir dos 11 anos, tornei-me uma pessoa muito revoltada. Brigava com todo mundo, especialmente com minha mãe. Destratava-a e chamava-a de todos os adjetivos impróprios que um filho deve dizer à sua mãe. Achavam que eu era desobediente, e realmente eu era. Quebrava coisas, atirava pedras nos vidros da janela. Meu irmão me trancava no banheiro, por isso chamava-o de palavrões horríveis, a minha raiva era grande.

Uma vez, fugi. Ele correu atrás de mim. Entrei na casa de uma família. O homem estava tendo uma relação sexual com a mulher sobre a cama. Pulei, pisando na bunda do homem, saí pela janela com meu irmão me seguindo. Depois o homem reclamou para minha mãe.

Fiquei assim até os 14 ou 15 anos. Depois me fechei e fiquei quase como um autista. Lia, ficava olhando as coisas, deitado numa rede. Às vezes, nem estava olhando para as coisas; estava no mundo da lua. O que me salvava era a religião. Como eu rezava! Rezava mais que os monges enclausurados.

Uma das primeiras vezes em que ouvi a palavra "viado" na vida, estávamos na fila do colégio quando um colega disse:

— O Antonio Luiz não joga bola por quê? Acho que ele é "viado".

Quando ouvi a palavra "viado", avancei na garganta do rapaz e bati, bati, bati. A professora Madalena jogou um balde de água em mim e mandou que rezasse na sacristia. Fiquei lá das 8h ao meio-dia. Depois minha mãe foi chamada para explicar por que eu era tão violento. Eu disse que fiz porque ele havia me chamado de "viado" e filho da puta. Minha mãe me deu razão:

— Bem que fez, meu filho. Tinha que bater mesmo.

Quando eu era adolescente, todo mundo em Quedas do Iguaçu torcia para o Grêmio ou para o Inter. Eu não tinha para quem torcer, mas falava que era do Grêmio. Quando me perguntavam "por quê?", eu respondia:

— Porque vermelho é a cor do diabo.

Como as coisas mudam. Apesar de não gostar da cor vermelha na adolescência, mais tarde, na vida, filiei-me a dois partidos cuja cor é vermelha (Partido dos Trabalhadores e Partido Comunista do Brasil) e, agora, uso roupas vermelhas.

Colecionava álbuns com figurinhas de jogadores e pilotos de Fórmula 1. Fazíamos muita troca-troca de figurinhas! Lembro-me que eu sempre dava preferência aos jogadores e pilotos mais bonitos e trocava três dos feios por um bonito! Tudo na maior discrição. O favorito era Cléo, do Grêmio.

Numa Sexta-feira Santa, todos de casa foram à igreja, menos eu que fiquei para assistir a um filme na televisão, *Morte e Ressurreição de Cristo.* Passou na rua uma caminhonete com jogadores de futebol. Fiquei excitado vendo aqueles jovens bonitos, senti um calorão e fui para a cama... foi minha primeira masturbação. Quando minha mãe chegou, eu estava embaixo das cobertas morrendo de medo, porque achava que aquilo traria um castigo, que era uma coisa muito grave e, mais ainda, na Sexta-feira Santa. Quando, mais tarde, o padre falou que eu estava enfermo, pensei:

— Isso é castigo, porque me masturbei naquela Sexta-feira Santa.

Minha mãe me mandava carpir o lote da casa. Odiava fazer aquilo, porque a lama sujava minhas mãos. Então, fugia do lote para nadar com meus coleguinhas na Pontinha. A Pontinha era um riozinho cercado por capim e mato.

Lá aconteciam algumas "sacanagenzinhas de piá". Havia várias brincadeiras. Uma era o famoso concurso de punheta. Primeiro, era quem espirrava mais longe. Íamos a um terreno e passávamos um risco no chão para ver quem espirrava mais longe, cada um tocando sua punheta. Às vezes, lembro bem, quando só havia meninos que se conheciam melhor, dizíamos:

— Cada um toca no outro, aí fica melhor.

Eu gostava. Tinha um louro, muito bonito. Eu gostava de ficar perto dele, porque seu "negócio" era maior. Ele sempre era um dos ganhadores. Parecia uma olimpíada gay!

Outra brincadeira era ver quem gozava mais de três vezes. Normalmente, o loirinho ganhava. Coitado! Ficava vermelho. Depois se queixava:

— Como arde!

Como era gostoso brincar de polícia e ladrão! Eu sempre quis ser o ladrão, porque os ladrões formavam um bando de pessoas que mais se gostavam. E eu ficava com o louro. Escondíamo-nos e os policiais vinham nos procurar. Mas íamos tão longe que a brincadeira terminava e nós ainda estávamos lá, brincando, é claro!

Outra brincadeira era "troca-troca". Troca-troca porque um dava e depois o outro dava. Assim todo mundo ficava igual. Mas tinha uns caras safados, que enganavam a gente. A gente dava e o cara corria e ia embora, sem dar!

Nesse tempo todo, com todas essas brincadeiras, nunca ouvi alguém falar a palavra homossexual ou gay. O que se falava muito era "viado". Porém "viado" era um nome feio para xingar as outras pessoas. Não tinha uma conotação sexual. Simplesmente fazíamos porque gostávamos.

Até minha adolescência não me sentia diferente de ninguém. Fazia tudo por instinto, não conhecia a palavra homossexualidade, muito menos seu significado. "Viado", para mim, era apenas uma palavra para ofender a pessoa. Só a partir dos 14 anos comecei a me sentir bastante diferente dos meus colegas. Senti que não pertencia àquela cultura, àquela forma de viver.

Um dos fatos que marcou foi minha atração por um professor de Educação Física. Era bonito, louro, alto e forte. Usava abrigo sem cueca e mostrava um volume bastante avantajado. Sentia uma grande atração sexual por ele. Durante suas aulas não conseguia me concentrar nos jogos, por isso me sentia diferente dos outros. Fazíamos a aula de Educação Física na praça central da cidade. No meio da aula, eu tinha que voltar para o colégio, ir ao banheiro e me masturbar, de tão excitado que ficava. Era muito desconcertante.

Então, dei-me conta da minha homossexualidade. Iniciou-se um martírio que só terminaria por volta dos 20 anos. A primeira atitude que tomei foi muito difícil. Havia começado a ler livros e revistas para tentar entender mais sobre a homossexualidade: se era doença, anormalidade, se eu era sem-vergonha ou "endemoniado"...

Não conseguia achar uma resposta. Então, falei, de uma forma bastante explícita, para minha mãe sobre o que estava acontecendo comigo. Tinha atração não só pelo professor, mas também por outros colegas da escola e não sentia nada pelas meninas. Falei para ela que eu tinha um problema no pênis, porque só ficava excitado por homens e não por mulheres. Minha mãe, em sua santa ingenuidade, ficou preocupada e julgou que era importante que eu procurasse um médico para me curar do problema no pênis.

Sentia-me muito infeliz e triste por causa desse problema, que não podia contar para ninguém. A partir daquele momento, tomei consciência de que a sociedade não aceitava a homossexualidade e comecei a ter um complexo de culpa muito grande.

Visto que eu e minha mãe decidimos que o problema estava no meu pênis, resolvemos procurar um urologista! Por sorte, vejo agora, consultei um médico que talvez fosse a pessoa mais importante para minha vida naquele momento crucial. Antônio Freire, da Policlínica de Pato Branco.

Foi o dia mais difícil da minha vida. Enquanto esperava a hora de ser atendido, andava pelos corredores frios do hospital. Olhava para cada porta e via pessoas recebendo soro e pensava: "será que vou ter que tomar soro no braço?".

Passei pelo centro cirúrgico: "já pensou se eu tiver que fazer uma operação na cabeça?".

Estava pensando no que poderia acontecer comigo, como seria a "cura". Era como se, hoje, a pessoa fosse fazer um exame para ver se tinha uma doença grave e esperasse ansiosa pelo resultado.

Durante a consulta fiquei tão nervoso que não consegui falar. Peguei uma caneta e comecei a rabiscar. O médico disse:

— Pode falar. Você tem alguma doença venérea, gonorreia...? Estou acostumado com todo tipo de problema aqui. Tem problema de impotência?

Finalmente, consegui falar.

— Meu pênis funciona para homens. Não funciona para mulheres.

Aí comecei a explicar-lhe as situações que estava vivendo. Falei da minha insegurança e do meu medo, das minhas frustrações. Acho que foi uma das consultas mais demoradas que esse médico já teve. Mais de uma hora e meia. Ele me examinou e disse:

— Posso dizer que seu pênis é normal, tem uma pequena fimose, mas nem precisa operar.

Eu pensei: "graças a Deus, não preciso operar nem tomar soro".

Então, ele falou:

— Você é homossexual.

Deu alguns conselhos e explicou-me que a homossexualidade existe até no reino animal, que era natural e normal.

— Você não é anormal, mas a sociedade vê a homossexualidade como anormal. Então, você terá que se adaptar à sociedade para que você possa conviver nela.

Falou que não havia como modificar a situação e que, dali para frente, eu teria que enfrentar tamanha pressão interior até me adaptar a essa realidade e que no ínterim eu precisaria de apoio psicológico para suportá-la.

Sugeriu que procurasse um centro maior, onde fosse estudar, me aprofundar e fazer um curso superior.

— Se você souber se defender, terminar seus estudos e, se tiver uma boa profissão, será mais fácil você se integrar à sociedade.

Isso eu fiz.

Saí da consulta bastante confortado. Na época, eu dava muito valor ao que pessoas consideradas autoridades, como médicos e padres, falavam. Conversei com minha mãe, mas foi uma conversa superficial. Ela só tocou novamente no assunto 10 anos mais tarde, embora eu sempre deixasse pistas para ela e para meus irmãos de que eu era homossexual. Mas, como na maioria das famílias, reinava a hipocrisia em relação aos homossexuais do tipo: "você finge que não é, nós fingimos que não sabemos".

Procurei um psicólogo, conforme o médico havia recomendado. Fui duas vezes. Parei porque ele era mais complexado que eu e não me ajudava em nada.

A busca da "cura"

Continuei com essa questão irresoluta na minha cabeça. Resolvi ouvir o que o padre tinha a dizer sobre o assunto. Primeiro, falei com o padre Bruno, que Deus o tenha. Ele disse:

— Suspenda os sacramentos. Não pode se comungar. Não pode mais ser coroinha.

Foi, para mim, uma tremenda decepção, porque o que mais queria era ser padre. Adorava participar dos sacramentos. O padre não mandou que eu rezasse, mandou que eu me afastasse dos sacramentos da igreja. Então, fui conversar com o padre Sigismundo.

— Você está enfermo. Quer dizer: doente. Para os doentes, nós temos aqui na igreja novenas de Nossa Senhora do Perpétuo Socorro. Faça novenas para ela e você vai se curar, isso é uma fase.

Senti-me um pouco mais confortado e comecei a fazer a novena, toda quarta-feira. Saía do trabalho às 18h, ia para a novena até as 18h30 e daí para a escola. Eu rezava as novenas. Decorava as cantigas todas. Progredi, até quando tive uma recaída. E o padre havia falado:

— Se você recair, vai ter que começar tudo de novo.

Até a quarta-feira da quinta semana eu rezava para Nossa Senhora do Perpétuo Socorro:

Os transviados

E os aflitos

Vinde, Vêde

Socorrei.

Vosso olhar

A nós volver
Nossos filhos protegei
Oh! Maria,
Oh! Maria...

Então, tive recaídas e voltei a ter atração por homens. Lembro-me de que, nessa época, uma das maiores tentações foi o Tony Ramos, em *Pai Herói*. Eu achava lindo aquele homem peludo. Por causa dele, tive que recomeçar a novena! Outro era Mário Gomes. Fui assistir ao filme *O Cortiço* e tinha uma cena em que ele fazia amor com Beth Faria na praia. Estava para terminar a novena, mas aquela cena me fez voltar ao início! Essa novena não era mais novena, era quarentena! Não me curei!

Nessa época, procurava por soluções. Comentava com algumas pessoas que tinha um problema muito sério e que eu queria me curar, porque ainda acreditava que a homossexualidade era doença. É o mesmo quando se tem espinhas na adolescência. Todo mundo tem receitas. Uns amigos meus, que eram evangélicos, indicaram a Assembleia de Deus. Fui falar com o pastor, que disse:

— Vamos fazer uma oração para curar você. Realmente, você está possuído pelo demônio. Você está com o espírito aflito. Está transtornado. Vamos te curar por meio da oração. Procure não falar para muitas pessoas, mantenha isso em segredo.

No dia em que fui até essa igreja, tinha uma festa. Também havia várias pessoas esperando para serem curadas. Uma com dores nas pernas, outra com dores nas costas, uma menina que estava ficando cega, uma senhora que sofria de ataques epiléticos. Formávamos uma imensa fila, todos com dificuldades muito pessoais. O pastor falava para a congregação dos problemas de cada um. Chegou a minha vez e ele disse:

— Esse nosso jovem tem um problema tão grave, que nem posso falar qual é.

Todo mundo olhava para mim e eu derretia de vergonha.

— Vamos orar.

Aleluia irmão pra cá, e aleluia irmão pra lá, toda a congregação levantava a mão na nossa direção. Oraram, oraram, oraram. Eu pensava: "vou me curar sim, porque creio em Deus, creio em todos os santos. Vou me curar".

O pastor disse:

— Você vai ter que se converter e orar. Assim, vai se curar.

Não me curei. Onde eu olhava, tinha um homem. Eu pensava: "isso não presta. Isso é contra a lei de Deus. Está na Bíblia, em Levítico, em Paulo...".

Lembrava-me de todos os versículos que o pastor havia citado para mostrar que era abominação. Mas sentia atração por homens da televisão, colegas da escola e tudo foi por água abaixo.

Continuei meu calvário. Minha mãe frequentava um centro de umbanda. Tinha o pai de santo, seu Curadin. Cada pessoa podia ter um passe para conversar com um espírito. Fui numa sexta-feira e expliquei-lhe que eu era homossexual e que não tinha atração sexual por mulher. Desceu o espírito de pai João que falou, num linguajar bastante acaboclado:

— Ô mi si fio, ocê tem é o espírito da pombagira. Quando ocê nasceu, ocê nasceu com o espírito da pombagira. Faça uma oferenda na encruziada. Leva batom, pó de arrois, alfazema e bibida di rico. Daí a pombagira vai saí du seu corpo, num sabe?

Saindo dali, vi um exu, uma estátua de gesso atrás da porta. A pombagira era uma diabinha. Toda vermelha. Fiquei muito triste. Pensei: "meu Deus, essa mulher está dentro de mim?!!!?".

Fui para Pato Branco para comprar as coisas para a oferenda. Tinha muito medo de comprar os produtos de beleza em Quedas do Iguaçu, pois ficava preocupado com o que as pessoas iriam falar. Fui a um lugar bem escondido, atrás do campo do Jacomar, para fazer o despacho. Não funcionou. O espírito, se fosse, continuava comigo.

Um fato me marcou. Falei para minha madrinha que iria me matar. Nessa época, pensei várias vezes em suicídio, até porque estava desesperado para achar uma solução para minha homossexualidade. Embora, no mesmo período, também tivesse tido relações que foram prazerosas. Só que a pressão era tão grande! Os amigos, os parentes, meus irmãos, todo mundo falava:

— Cadê a namorada?

Todo mundo namorava. Falei para minha madrinha que tinha um problema muito sério, mas não falei qual era. Ela disse:

— Faça uma reza, um pedido, para Santa Edwirges. Essa santa é muito poderosa. É a santa das causas perdidas. Você vai conseguir.

Não deu em nada.

Uma das coisas que sempre senti é que Jesus Cristo não morreu na cruz por nossa sexualidade, mas por nossos pecados e isso não justifica a atitude das pessoas que falam que Jesus condena os homossexuais. Ele nunca mencionou a palavra "homossexualidade".

Meu irmão tinha ido a uma curandeira para resolver um problema de saúde, e falou para ela que eu não gostava de mulher, mas sim de homem. Ela receitou que eu tomasse leite de égua no colostro. Aquele leite amarelado, grosso, com traços de sangue que a égua produz logo após o nascimento do potro. Ela disse que era a melhor coisa para um homem tomar para ficar macho. Meu irmão falou com várias pessoas que ele precisava desse leite de égua no colostro, para fazer uma simpatia. Foram de fazenda em fazenda, de chácara em chácara, até encontrar uma égua grávida para depois conseguir o leite. Tomei aquele líquido viscoso, em vão!

Nesse período, tive contato com várias revistas, em particular a *Peteca*, que publicava anúncios de rapazes. Eu não entendia tudo, mas escrevia para todos. Eu fazia as perguntas mais ingênuas. Perguntava o que era passivo, o que era ativo, o que era sexo oral. Procurei no dicionário o que era "oral". A definição era: "verbal". Pensei: "é quando fala. Então, deve ser sexo por telefone".

E as pessoas respondiam explicando. A revista *Peteca* também foi cultura para mim!

Essa época de minha vida foi muito difícil, porque eu não podia ser eu mesmo. Tinha muitas dificuldades em aceitar a situação e a pressão da sociedade. Na época, Quedas do Iguaçu era muito conservadora. Depois, vieram para a cidade alguns homossexuais assumidos e abriu-se um pouco a cabeça do povo, de modo que as pessoas iam se acostumando.

A autoaceitação

É importante frisar a questão da referência. Eu não tinha referência alguma sobre a homossexualidade. Tinha o *Capitão Gay* na televisão. Embora o *Capitão Gay* fosse um programa de humor, não deixava de ser um super-herói, portanto não representava o estereótipo convencional do gay. Na maioria das vezes, quando retratavam os gays, sempre era como piada, motivo de chacota. Era a bichinha louca, a bichinha cor-de-rosa, a de vestidinho. Assim, eu não tinha referência. Parecia que todos tinham que ser homem ou mulher, e acabou. Mas eu não queria ser mulher, queria ser homem. Identificava-me com o masculino.

A adolescência foi um período muito difícil para mim, pois eu me fechava em casa, me isolava devido à hostilidade que eu sentia por parte dos outros em relação à minha homossexualidade. Pensei várias vezes em suicídio. Eu escutava muito a música "Aparências" do Márcio Greyck:

> *Aparências, nada mais*
>
> *Sustentaram nossas vidas*
>
> *Que apesar de mal vividas*
>
> *Têm ainda uma esperança de poder viver*

Nesse período, trabalhei nas Casas Pernambucanas. Houve um concurso. Encheu um colégio inteiro de concorrentes querendo trabalhar. Passei no concurso. Fui ser balconista. Tinha muito medo de que descobrissem que eu era gay. Estava com

17 anos. Sempre fui o vendedor que tirava primeiro lugar, com a exceção do penúltimo mês.

Já na escola, fui sempre um dos melhores estudantes. Tirava as melhores notas em História, Geografia, Conhecimentos Gerais e Religião. Tive dificuldades em Português e Matemática, mas dava para passar de ano. Havia dois gêmeos que estudavam comigo e sempre se sentavam próximos a mim para colar. Eu passava cola para vários colegas de classe. Eles eram meus "cabos eleitorais" na sala e sempre me elegiam para monitor de classe. Fui cofundador do grêmio estudantil do Colégio Anchieta e, depois, no segundo grau, presidente do grêmio estudantil Castro Alves.

Sempre, na minha vida, quis ser, se não o melhor, um dos melhores. Isso foi uma mensagem que aprendi com o professor Manoel, que lecionava Geografia no ginásio. Ele sempre falava:

— Para vencer na vida, você tem que ser o primeiro ou um dos melhores.

Isso, junto ao que acredito ser um complexo em relação à minha homossexualidade, fazia com que eu procurasse sempre ser um dos melhores. Procurava fazer as coisas da melhor forma, para conseguir elogios, para ser aceito pelos demais.

Uma das coisas que me ajudou a superar o complexo de inferioridade foi passar no concurso do Banco do Brasil e também no vestibular. Enfim, provava para mim mesmo que tinha capacidade. Eu não cheguei a trabalhar no Banco do Brasil, abri mão, não era a vida que eu queria. Passar no concurso do Banco do Brasil foi provar para meus irmãos que eu não era o "piá que não presta".

Chegou a época da formatura do segundo grau. Participava da comissão organizadora. Depois de formados, fizemos uma excursão. Até então, não conhecia o mar. Fomos para Camboriú, no litoral de Santa Catarina. Lá a vaca foi para o brejo. Extravasei em tudo o que eu tinha reprimido, e tudo que havia sido usado para me reprimir. Cheguei meio bêbado na casa onde estávamos alojados. Deitei-me na cama. Tinha uns cinco rapazes na cama, na penumbra. Havia um rapaz bonito do meu lado e comecei a passar a mão. Ele ficou excitado, mas num dado momento se levantou e saiu.

Eu só pousava lá das 3h às 8h da manhã. Durante o dia, eu me enturmava com outros rapazes da Argentina, do Paraguai e de outras regiões do Brasil. Não fiquei com o pessoal da escola.

No outro dia, teve uma assembleia de toda a excursão para decidir se iriam me expulsar ou se eu poderia ficar, porque houve um atentado ao pudor da minha parte. Decidiram que eu poderia ficar, mas só fiquei sabendo disso cinco anos mais tarde. Nesse dia, não me falaram nada. Também pouco me importava, porque dali a seis dias eu iria sair de Quedas do Iguaçu para morar em Curitiba.

Nessa excursão, aconteceu a relação sexual mais gostosa que eu tinha tido até então. Fui para as famosas pedras da praia. Onde há pedras e mato na praia, pode saber que há uma "pegação". Eu tinha ido a uma discoteca, no primeiro ou segundo dia. Estava dançando na beira da pista, todo caipirão. Todo mundo se baseava na moda dos cartões postais, só que, da mesma forma que os postais, estávamos com, pelo menos, cinco anos de atraso. Tudo que usávamos estava fora de moda.

Encontrei um rapaz, Roberto, louro e forte. Tudo que eu queria na época. Papo vai, papo vem... Ele me convidou para dar uma volta. E fomos. Conversamos sobre amor, felicidade. Ele falou que gostaria de conhecer uma pessoa séria. Falei que era uma pessoa séria, que minhas relações sexuais tinham sido frustradas, que queria amor, não sei mais o quê. Aí paramos num quiosque, compramos duas latas de cerveja e fomos para as pedras. Chegando lá, fizemos a festa. Tiramos a roupa e foi. No meio da "festa", chegaram dois policiais, a cavalo e com lanterna. Eu não sabia o que fazer. Se seria preso, se ia sair no jornal. E minha mãe, coitada, o que ela iria pensar? Começaram a fazer piadas conosco, o que acontecia muito com os homossexuais. No caso de um casal heterossexual, eles falariam:

— Olha, não podem fazer isso aqui.

Nada mais que isso.

Já conosco, levaram nosso dinheiro, a carteira de cigarros do Roberto e faziam piadas.

— Quem é que vai sofrer, quem é a mulherzinha?

Terminada a excursão, em janeiro de 1984, voltei para Quedas do Iguaçu. Fiquei dois dias e embarquei para Curitiba. Levei meus livros, minha máquina de escrever e minha coberta. Não sabia nada sobre Curitiba. Desci do ônibus, olhei de um lado, olhei para outro. Tudo igual. Não sabia onde ficar. Sentei-me. Chorei um pouco. Perguntei para um guarda onde podia arrumar emprego. Respondeu que era difícil. Falei com uma mulher. Ela disse:

— Olha, compre a *Gazeta do Povo*. Nos classificados você pode achar um lugar para ficar e pode arrumar um emprego.

Fui ver um apartamento, mas quando cheguei já tinha sido alugado. A proprietária me indicou uma pensão. Fui à pensão, que ficava na Carlos de Carvalho. Aluguei um quarto com uma velhinha, dona Olga. No mesmo dia, fiz uma entrevista para emprego e passei. Fui trabalhar num escritório de contabilidade. À tarde, fiz inscrição no Positivo. No segundo dia, já estava trabalhando, estudando e com um lugar para ficar. Tudo que tinha rezado para minha vida virou realidade. Todo o esforço de poupar dinheiro estava valendo.

O primeiro ano também foi um período de deslumbre. Conheci todos os lugares possíveis frequentados por gays: saunas, bares, boates, parques... Muitos amigos. Consegui respeito no trabalho, comecei a me assumir enquanto homossexual. Tive vários empregos em Curitiba. Chegava a época de férias, Natal ou Carnaval, pedia a conta e depois das férias voltava e arrumava outro.

Desde o tempo de Quedas do Iguaçu, eu queria ser padre ou professor. Eram as duas coisas que queria ser na vida. Ledo engano. Aí eu tinha que fazer um curso. Tinha que ser um curso à noite, porque trabalhava de dia para me sustentar. Optei por Letras e me formei na Universidade Federal do Paraná. Foi um período muito importante na minha vida. Tomei gosto pela leitura, aprendi sua importância e a ler bons livros, a interpretar textos, a saber "fruir" da literatura, como dizia a professora Marilena.

Morei na CEU, Casa do Estudante Universitário do Paraná, com 414 moradores. Dentro de 15 dias fui diretor da contabilidade e dali três meses me elegeram tesoureiro. Seis meses mais tarde, já era presidente. Foi um período que me deu muita experiência no campo da administração e da política. Participei do Movimento Estudantil e iniciei minha militância no Partido dos Trabalhadores. Tive vários namorados: um jogador de futebol do Coritiba, casado e com umas coxas... depois namorei um engenheiro, casado também. Sempre tive muita sorte com homens casados.

Nunca senti qualquer atração sexual por uma mulher. Nunca. Como dizia um amigo meu:

— As mulheres na minha vida são Madonna, Nossa Senhora de Aparecida e minha mãe.

Às vezes as pessoas dizem:

— Você é homossexual porque não encontrou uma mulher que te atraísse.

Mas já tive várias amigas. Na faculdade, saíamos juntos. Já tentei várias vezes ter uma relação, mas ou não levantava ou brochava. Não foi legal nenhuma vez, não por falta de iniciativa. Tentei várias vezes, mas não adiantou nada. O meu negócio é homem.

Nesse período, já não me sentia tão anormal. Já tinha assimilado a ideia da homossexualidade, mas ainda faltava alguma coisa. Sempre lia nos livros que a dificuldade de aceitação da homossexualidade se devia à cultura. Pensei: "então, vamos mudar de cultura".

Europa

Seria necessário conhecer um país diferente. Pensei, primeiro, nos Estados Unidos. Mas optei pela Europa por causa das muitas culturas. Na faculdade, fiz "línguas instrumentais": espanhol, italiano, francês e inglês. Fiz um plano para ficar

Formatura do Toni em Letras pela Universidade Federal do Paraná – 1989

dois anos na Europa, na Espanha, na Itália, na França e na Inglaterra, com seis meses em cada país.

Formei-me no dia 9 de março de 1989, e, já no dia 10, estava viajando para a Europa. Dinheiro era o que menos tinha. Minha mãe me ajudou e me havia dado dinheiro para a passagem e para eu sobreviver e estudar lá. Só que antes de viajar, apaixonei-me por um bailarino. Namorei-o por seis meses, mas ele não me namorou. Fomos para a praia no final de 1988 e gastei todo o dinheiro.

Cheguei pela manhã no aeroporto de Guarulhos com 10 dólares no bolso e sem poder comprar comida. Passei uma fome. Não quis trocar os 10 dólares porque ia precisar deles na Espanha. Então, fiquei sem comer até embarcar no avião, no final da tarde.

Cheguei no aeroporto de Madri, Barrajas. Já me barraram na imigração. Tive que dar um bom jeitinho brasileiro e consegui passar. Inventei uma história que meu tio tinha passado na frente. Com os 10 dólares, paguei a passagem até a Praça Colón, fiz um lanche e aí não tinha mais dinheiro. Sentei-me na praça e, como alguns anos antes, quando da minha chegada em Curitiba pela primeira vez, chorei. Dei uma boa rezada. Fui de lugar em lugar à procura de ajuda. Na Embaixada do Brasil, contei uma história que tinha sido roubado. No Consulado, contei a mesma história. Uma mulher me falou:

— Dessas histórias de brasileiros que foram roubados nós temos várias todos os dias!

Fui a uma igreja onde me indicaram outra, e lá me deram 50 dólares e pouso. Fui com um monte de mendigos para um abrigo. Era uma terça-feira santa. Na Sexta-feira Santa, arrumei um emprego, num circo, e comecei a trabalhar. O primeiro emprego que tive na Europa foi de lavar elefantes. Em Madri, estudei espanhol e inglês. Participei de grupos LGBTI+ de todo tipo, assim como de passeatas LGBTI+. Tive um namorado médico, argentino.

Mais tarde, naquele ano, fui para Viena, onde participei da Conferência Mundial da Associação Internacional de Lésbicas e

Toni e o elefante

Gays (ILGA), como era conhecida na época. Fiquei muito entusiasmado com a organização, a responsabilidade do movimento internacional e com a segurança que os participantes tinham. Isso me ajudou a adquirir conhecimentos sobre o movimento e sobre os Direitos Humanos. Embora no Brasil tivesse tido algum contato com o então Movimento Homossexual Brasileiro, as pessoas que conheci em Viena tinham uma prática de militância muito mais desenvolvida. Assim, comecei a ter uma referência de gays com os quais me identifiquei. Eu comecei a pensar: "posso ser homossexual como eu quero ser, não preciso ser um estereótipo".

De Viena, fui para Milão, na Itália. Cheguei lá na época das férias de verão. O comércio e a indústria estavam fechados. Não conseguia emprego. No início, dormi na rua. Quem mais me ajudou nessa época difícil foram as travestis brasileiras. Passado um mês, a cidade voltou a trabalhar e consegui arrumar um emprego e um lugar para ficar. Estudei. Participei do Partido Comunista Italiano. Frequentava um grupo gay católico e participei de várias manifestações políticas contra o racismo. Foi na Itália que consegui minha autorização de permanência na Comunidade Europeia.

De Milão, fui para Paris, onde conheci bibliotecas, galerias, monumentos e igrejas. Daí, fui para a Inglaterra. Fiz um mapa de planejamento como se fosse assaltar o maior banco do mundo. Planejei, com o mapa, cada milímetro para eu não ser barrado na imigração. Fiz a travessia de Le Havre até Rosslaire na Irlanda do Sul, num navio; depois de Rosslaire até Dublin, por trem; e atravessei o mar novamente de Dublin até Holyhead, no País de Gales; e daí, de trem para Londres. Meu inglês estava muito fraco, eu só sabia falar com segurança:

— Sorry, I'm sorry, I'm so sorry.

Mas quem tem boca vai a Roma. No meu caso, fui a Londres. Em 15 dias estava trabalhando como garçom, sem falar quase nada e entender ainda menos. Contudo, já estava estudando inglês, e as paredes do meu quarto estavam cheias de papéis colados, com vocabulário e gramática da língua inglesa escritos neles.

Foi então que encontrei o meu grande amor.

Toni em passeata durante o encontro da ILGA em Viena

RELATO DO DAVID

Infância

Nevava na manhã do dia 10 de março de 1958, quando, aos 37 anos, minha mãe deu à luz pela quarta vez. Dessa vez, no hospital de maternidade da cidade de Macclesfield, na Região Noroeste da Inglaterra. Sou o caçula da família. Acho que fui um "acidente". Quero dizer, a minha chegada ao mundo não era planejada, coisa fora do comum em nossa casa.

Meus pais eram naturais da Região Nordeste da Inglaterra. Um local bastante afastado, rural e bonito. O vilarejo onde moravam se chamava Corbridge. Conheciam-se desde a infância, frequentavam as mesmas escolas e começaram a namorar aos 16 anos, casando-se aos 21 anos, em 1942, em plena segunda guerra mundial. Meu pai era da classe trabalhadora. A situação da minha mãe era um pouco mais confortável, devido aos parentes de meu avô, que eram donos de uma empresa e o empregavam como representante. Minha avó materna, porém, era uma pessoa bastante simples, de origem humilde e não havia aspirações de ascensão social em seu lar. Meu avô paterno trabalhava numa olaria, a única indústria do vilarejo. No final de sua infância, meu pai ficou extremamente doente, com febre reumática, ficando restrito a uma cadeira de rodas durante um período de dois anos. Nesse período de imobilização, o médico que o tratava deixava sua biblioteca à disposição do meu pai, de modo que este lia e estudava muito, devido à incapacidade de realizar atividades físicas.

Aos 16 anos, meus pais terminaram seus estudos na escola e foram trabalhar. Minha mãe como secretária e meu

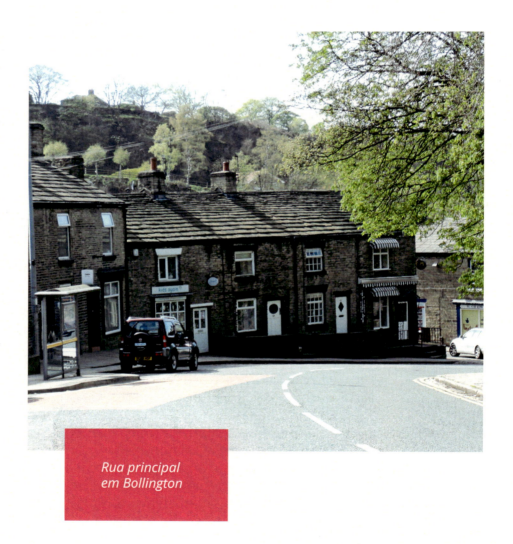

Rua principal em Bollington

pai na olaria. Minha avó paterna tinha uma personalidade muito forte, que meu pai também herdou. Aos 19 anos, meu pai brigou com ela e saiu de casa definitivamente. Foi morar numa cidade litorânea chamada Widdrington, a 100 km do vilarejo onde se criou. Lá, arrumou trabalho em outra olaria.

Era a época da segunda guerra mundial, mas devido à doença que teve quando criança, meu pai não foi aceito para alistamento nas forças armadas, por mais que quisesse. Casou com minha mãe, que foi morar com ele na cidade litorânea, deixando de ser secretária e passando a ser dona de casa. Meu pai era uma pessoa bastante ambiciosa e não temia impor sua vontade. Sua carreira estava progredindo e já era subgerente da olaria. Para minha mãe, que sempre havia mantido uma relação muito próxima com minha avó, a mudança não foi nada agradável, como também não foi a convivência com meu pai, que trabalhava em excesso e andava irritado e cansado. Ela, porém, uma pessoa muito paciente e persistente, superou as dificuldades.

Logo no início do casamento, tiveram o primeiro filho, meu irmão Billy. Aos 3 anos, ele começou a ficar doente, teve um tumor na garganta. O tumor crescia e devido à sua localização e às práticas cirúrgicas limitadas da época, não foi possível operar. Durante esse período, também nasceu minha irmã Judith. Billy morreu asfixiado pelo tumor, logo depois do nascimento de Judith. Minha mãe contava que o fato de ter que cuidar de Judith a ajudou a não ficar pensando em Billy.

Passaram-se mais seis anos e nasceu meu irmão John. Logo em seguida, meu pai conseguiu a posição de gerente de uma olaria na Região Noroeste da Inglaterra e a família se mudou para lá.

Essa olaria ficava numa aldeia chamada Pott Shrigley e a família se instalou no vilarejo mais próximo, Bollington, uma cidadezinha de 3 mil habitantes, curiosa por ser um local rural, porém industrial ao mesmo tempo.

Bollington havia crescido com a revolução industrial e, como em muitas das cidades que se encontravam nas colinas da Região Norte da Inglaterra, ali prosperava a indústria têxtil, de algodão. Havia duas fábricas enormes de tecelagem à beira de um canal construído no século XIX, especificamente para transportar o algodão e o carvão mineral entre as fábricas, os portos e os mercados. Assim, a cidade possuía características industriais, tanto em termos arquitetônicos quanto em termos sociais.

Meu pai, como gerente da olaria, logo se enturmou com seus pares das outras indústrias que existiam em Bollington. Tanto ele como minha mãe se adaptaram rapidamente ao novo local.

A primeira casa em que morei pertencia à olaria. Era uma casa razoavelmente grande, até demais para minha mãe que cuidava dela sozinha. Era um sobrado espaçoso, com quatro quartos. No inverno fazia um frio danado. Em todas as peças havia uma lareira, mas devido à natureza econômica da minha mãe e ao trabalho envolvido em cuidar das lareiras, normalmente só havia duas acesas, uma na cozinha e outra na sala. Consequentemente, fazia muito frio nos quartos. No amanhecer dos dias mais frios do inverno, formava-se gelo nos vidros das janelas.

O gelo formava-se em desenhos muito bonitos, parecendo folhas no vidro. Tínhamos um peixe-dourado cujo aquário ficava na janela. Ao acordar um dia, encontramos o peixe-dourado com a boca presa no gelo que havia formado em cima da água do aquário. Trocamos a água, mas o peixe não deu sinal de vida. Meu pai, sempre inovador, colocou um pouco de uísque na água. O peixe-dourado fez algumas giradas rápidas e, para a grande surpresa de todos, sobreviveu.

Lembro que adorava ficar na companhia da minha mãe nessa época. Ela era uma pessoa muito calma, paciente e atenciosa. John e Judith iam para a escola e, na maioria das vezes, só eu e minha mãe ficávamos em casa. Eu a seguia enquanto ela fazia a limpeza e cozinhava. De vez em quando, ela me levava até a estação ferroviária, que ficava perto, para que eu pudesse ver os trens, os quais me fascinavam. Também a acompanhava quando ela ia fazer compras. Sendo uma cidade pequena, todos os lojistas conheciam minha mãe e sempre queriam conversar comigo. Gostava disso e não me lembro de ter sido tímido quando criança.

A olaria em 1964

Meu pai vinha almoçar em casa nessa época. Lembro que, às vezes, ele brincava comigo, me jogava no ar, me pegava e fazia cócegas enquanto eu gritava. Não que eu não gostasse, mas sentia medo. Tínhamos uma cachorra meio brava, que só obedecia ao meu pai. Enquanto ele brincava comigo, a cachorra tentava acompanhar a brincadeira, latia e corria atrás de mim. Eu subia na mesa para fugir dela. Às vezes, aos sábados, meu pai me levava no carro para fazer compras, ou para a olaria, onde me deixava brincando no escritório com a máquina de datilografar.

Na olaria só trabalhavam homens. Era um lugar sujo, mas fascinante. Tinha um cheiro de argila. Podiam-se ver os tijolos sendo preparados; meu pai me deixava olhar pelo buraco de observação dos fornos em que os tijolos eram feitos. Havia um riozinho que passava pela olaria. Lembro que o mictório ficava em cima do riozinho e que se podia ver a água passando embaixo enquanto se mijava.

Aos sábados e domingos, antes do almoço, meu pai quase sempre ia ao bar tomar umas cervejas. Chegava em casa, almoçava, deitava-se no sofá e dormia. Tenho claras recordações de estar deitado com ele no sofá, escutando o rádio e olhando o fogo na lareira, sentindo-me completamente protegido.

Adorava quando vinha uma amiga da minha mãe passar a tarde em casa. Tinha o ritual do chá e sempre tinha bolo ou bolachas. Uma dessas amigas era a mulher do açougue, que entregava carne uma vez por semana em casa. Ela ficava conversando e eu escutava. Ela era alemã e conheceu o homem que se tornou seu marido, um inglês que fazia o serviço militar na Alemanha, logo após a segunda guerra mundial. Ela tinha um sotaque um pouco diferente.

Todo verão a família ia passar duas semanas na casa da minha avó materna em Corbridge. Meu pai não ficava o tempo todo e só passava os fins de semana conosco. Essas duas semanas eram, para mim, o ponto alto do ano. Adorava minha avó, minhas tias, meus tios e primos. Adorava passear no vilarejo, visitar os parentes, escutar a conversa. Escutar as histórias e fofocas que a avó havia guardado para contar

Toni, David, Alyson, Jéssica e Filipe em Corbridge, em 2017, em frente à casa da avó do David

para minha mãe. Sem a presença de meu pai, sentia-me muito próximo de minha mãe.

Desde que me lembro, eu ia à igreja todo domingo, sem falta. Era uma igreja anglicana. Quando eu era criança, só adultos participavam dos cultos. Para as crianças havia a escola dominical, com aulas de religião numa sala ao lado da igreja. Sempre ganhava prêmios por não ter faltado às aulas: uma Bíblia, um livro de histórias da Bíblia. Mais tarde, eu participava do culto com minha mãe e meu irmão. Meu pai e minha irmã não iam.

Não me dava muito bem com meu irmão e minha irmã. Tínhamos uma diferença de idade muito grande e eles me viam como o preferido dos pais. Não me preocupava muito com isso. Na nossa rua havia mais dois meninos com a mesma idade que eu e nós brincávamos à vontade na vizinhança. Nunca me sentia isolado ou diferente nessa época.

Uma vez, minha irmã, que agora já estava trabalhando, foi como voluntária passar uma semana em uma espécie de laboratório onde se testavam vacinas contra a gripe. Ela mandou um postal com um "x" marcando o barracão no qual ela dormiu. Lá ela fez amizade com uma moça que morava numa cidade bem distante de Bollington. Depois de algum tempo, essa moça apareceu em casa para passar alguns dias, tendo viajado de moto. Achei-a fascinante. Ela dormiu no mesmo quarto com minha irmã. Eu sentia hostilidade da parte da minha irmã pela minha curiosidade em conhecer e saber mais sobre sua amiga.

Meu irmão brincava com os colegas de sua escola, que era diferente da minha, e nós quase não brincávamos juntos. E quando brincávamos, normalmente terminava em briga.

Ao contrário das visitas à casa da minha avó, onde as brigas aconteciam menos, quando íamos passar duas semanas no litoral, em família, era uma briga sem fim. Sempre alugávamos um trailer. Cinco pessoas dentro do mesmo trailer e em um espaço pequeno sem privacidade alguma não era muito legal. Eram duas semanas de muita tensão.

O primeiro dia de escola foi um horror para mim. Eu tinha 4 anos. Chorei quando minha mãe me deixou no portão da escola. Estudava-se em tempo integral, das 9h às 16h, com almoço na escola. À tarde, naquele primeiro dia, a professora leu uma história. Eu queria fazer xixi, mas tinha medo de pedir. Fiz um lago na sala de aula! Voltei para casa muito triste.

Nunca gostei da escola. Quero dizer, não gostava das aulas. Mesmo assim, fui bom aluno, ganhava notas boas e progredia bem nos estudos. Gostava das outras crianças, tinha bastante amiguinhos e amiguinhas e brincava muito com eles. Odiava jogar futebol, mas gostava dos jogos atléticos no verão. Éramos obrigados a usar uniforme e, apesar do frio, no inverno era estritamente proibido usar calça comprida. Mas achávamos isso normal.

Além de começar a frequentar a escola, outra mudança ocorreu na mesma época que alterou a vida familiar. Mudamos de casa. Durante anos, meus pais haviam poupado dinheiro aos poucos. Finalmente, conseguiram acumular dinheiro suficiente para comprar um lote e começar a construir a casa própria. Minha avó materna contribuiu com a parte que faltava. Meu pai construiu a casa e pagava hora extra para os funcionários da olaria ajudá-lo. Durante um ano, ele quase desapareceu de casa. À noite, depois do trabalho, levávamos comida para ele, enquanto construía a casa.

A nova casa ficou perto e, por isso, não perdi contato com meus amigos e continuei estudando na mesma escola. A casa ficava num lote grande e meu pai sonhava com um quintal de legumes e frutas. Meus pais não tinham dinheiro para pagar alguém para preparar a terra e plantar. Então, para meu pai, seus filhos eram a fonte de mão de obra que faltava. Nessa época, minha relação com ele mudou.

Ele andava muito ocupado, tanto com o trabalho quanto com a nova casa. Era extremante irritável e exigente. Não brincava mais. Obrigava-nos a trabalhar no quintal. Eu odiava! Cheguei a temê-lo e a ficar longe dele. Ele me achava muito sensível, me cutucava e me provocava. Penso que ele achava que fazendo isso eu reagiria e ficaria mais forte emocionalmente. Passei a roer as unhas. A tensão crescia em casa, porque meu irmão e minha irmã também não gostavam muito de serem obrigados a ajudar.

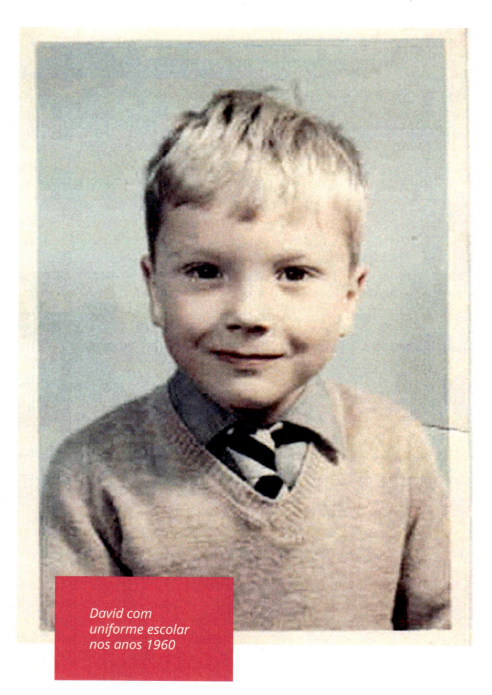

David com uniforme escolar nos anos 1960

Chegavam caminhões de carvão mineral que ele conseguia barato para as lareiras. Tínhamos que descarregar os caminhões e guardar o carvão. Chegavam caminhões de terra para melhorar o solo do quintal. Chegavam tratores carregados de adubo. E ao trabalho! Tínhamos que carpir no início da primavera, época chuvosa e fria. Já no verão, havia todos os legumes e frutas para colher. E ele plantava em quantidades grandes. Não só tinham legumes e frutas para comer na época da colheita como também uma quantidade enorme para conservar e consumir durante o inverno. Viramos uma verdadeira ilha de autossuficiência.

Quando podia, eu fugia para brincar com os amigos. Tive um amigo especial e vários outros. Andávamos num bando, construíamos casinhas em árvores com pedaços de madeira. Havia uma pedreira abandonada onde subíamos nas pedras. Andávamos de bicicleta. Também tive amigas. Nas noites de verão ficava claro até tarde e brincávamos na rua, 10 ou 15 meninos e meninas. A cultura britânica é bastante diferente da brasileira e nas nossas brincadeiras não existia "troca-troca". Brincávamos de esconde-esconde, polícia e ladrão, pulávamos corda, enfim, brincadeiras de criança.

Além das brincadeiras, eu também gostava de ficar com minha mãe, sobretudo quando ela fazia bolos e doces. Sempre ajudava. Comecei a fazer também. Eu ia à padaria comprar fermento para fazer pão, e fazia. Enfeitava o bolo de Natal. Meu sonho era ser chefe de cozinha. Houve uma época que minha avó mandava toda semana pelo correio um fascículo de uma enciclopédia de culinária *Cordon Bleu*, até completar a coleção inteira.

Mudar de casa trouxe uma segunda família para mim. Ganhamos novos vizinhos. Um casal já com 50 anos ou mais. Ela, Gladys, era muito elegante, natural de Manchester e com comportamento de uma pessoa de cidade grande. Ele, Leonard, muito simples, natural de Bollington, canteiro e pedreiro de profissão. Não tinham filhos, porque se casaram tarde. Para ele, o segundo casamento, e para ela, o primeiro.

A casa que o pai do David construiu

A visão e as experiências de Gladys, que eu chamava de tia, eram completamente diferentes de algo que eu já conhecera até então. Ela nasceu num bairro pobre de Manchester, uma dos oito filhos de uma família de imigrantes irlandeses. Seu pai morreu quando ela ainda era criança e a vida para eles era dura. Sua adolescência coincidiu com a popularização do cinema. Ela era muito sonhadora e, na tradição dos irlandeses, conversava muito. Era fascinada pela vida das pessoas ricas, mas sem ter inveja. Ela me contava tudo sobre a vida dela no passado: como ela se sentia quando ia para o cinema e se apaixonava pelos astros dos filmes; como ela começou a trabalhar como vendedora numa loja de departamentos em Manchester; seus namorados e suas aventuras; como ganhou promoção na loja; como a guerra mudou tudo; como sua família deixou Manchester por causa dos bombardeios dos alemães, chegando a Bollington, que ela achava o fim do mundo; e como ela se casou e depois se aposentou.

De certa forma, ela era uma pessoa frustrada, casada com um homem que não tinha nada a ver com seus sonhos românticos, mas que ela amava. Ela era católica praticante, outra novidade para mim, visto que a igreja e a escola que eu frequentava eram anglicanas. Ela se sentia triste, porque a Igreja Católica não reconhecia seu casamento com um homem divorciado e não lhe permitia comungar por causa disso.

Acreditei no sonho dela. No sonho do mundo dos filmes, do casamento perfeito. Também construí meu sonho. Eu iria conhecer uma menina bonita, charmosa e culta. Iria me casar, ter uma casa, filhos e viver feliz para sempre.

Eu passava horas na casa deles. Fugia de meu pai e dos projetos dele para escutar as histórias de Gladys, ou para sair com o marido dela para visitar as obras de construção onde ele trabalhava.

Leonard morreu aos 60 anos, quando eu tinha 13 anos, e Gladys, aos 71, quando eu tinha 20.

O despertar e a negação

Eu vivi assim dos meus 6 até os meus 11 anos, em 1969, quando, como todas as crianças da rede pública de ensino na Inglaterra, mudei da escola primária para a secundária, na qual eu iria estudar durante os próximos sete anos.

Essa mudança foi quase tão dramática quanto o primeiro dia de escola, seis ou sete anos antes. Só que dessa vez não me mijei!

Eu havia passado numa prova, logo depois abolida, a qual, a partir dos 11 anos, segregava as crianças por "inteligência". Um tipo de vestibular para entrar no colégio! Os que não passavam iam para escolas com menos teor intelectual, mais prático. Os que passavam iam para uma escola tradicional, com currículo bastante acadêmico. Esse foi meu caso.

Senti-me como um peixe fora da água. Saí de uma escola primária, pequena, mista, com menos de 300 estudantes cujos pais eram da classe trabalhadora, para entrar numa escola com 1.200 adolescentes, somente meninos, de 11 a 18 anos de idade, a maioria vinda da classe média e já acostumada com o método de ensino tradicionalista – quase todos os professores eram graduados de Oxford ou Cambridge. Como na escola primária, estudava-se das 9h às 16h, com almoço na escola.

Fui perdendo contato com meus colegas da escola primária. Criou-se certo constrangimento pelo fato de estarmos agora estudando em escolas de nível social diferente. Ainda procurava por eles de vez em quando.

Eu não era mais bom aluno, academicamente. Era péssimo. Ganhava notas baixas. Tínhamos que estudar latim. Não conseguia entender Matemática, Física ou Química.

Na nova escola, a única forma permitida de se chamar era pelo sobrenome. Um estudante tinha que se referir a outro pelo sobrenome, e os professores também chamavam os estudantes pelo sobrenome. Os professores eram chamados de Senhor (*Sir*). Os professores usavam beca preta. Uma formalidade total. Era um ambiente completamente masculino (havia uma única professora, que insistia, para não dar confusão, em ser chamada de "Senhor"!). Senti-me diferente desde o primeiro dia. A diferença mais marcante foi a de classe social. Boa parte dos estudantes falava inglês de forma mais correta, a norma culta. Viajavam com os pais. Já haviam passado férias no exterior. Éramos obrigados a jogar rúgbi no inverno, e críquete no verão. Jogos da classe elite. Eu era ruim desportivamente. Eu não possuía a competitividade, coordenação, vontade ou força para participar bem dos jogos esportivos. Identificava-me com outros estudantes que eram mais fracos em todos os sentidos: acadêmica, desportiva e socialmente.

Naquele ano (1969), minha irmã saiu de casa e foi morar num quarto que dividia com mais duas moças em Manchester. Meu irmão ainda morava em casa. Estudava eletrônica, porque queria trabalhar na BBC como engenheiro eletrônico. Agora, eu também tinha que estudar em casa, tinha que fazer os trabalhos da escola. A casa virou um lugar silencioso. Um pouco sem alma. Minha mãe continuava a mesma: constante, paciente e calma. Na hora do jantar (jantávamos cedo, às 18h, como a maioria das famílias das cidades do interior do país), muitas vezes, comíamos em silêncio. E, logo depois do jantar, eu e meu irmão íamos estudar nos nossos quartos, e o pai dormia no sofá da sala enquanto a mãe assistia à televisão.

Nesse mesmo ano, meu pai deixou de trabalhar na olaria e arrumou um emprego que pagava melhor. A situação financeira em casa começou a ficar confortável.

Todo dia na escola tinha um culto de 15 minutos antes de começarem as aulas. Imagine: mais de mil alunos, de 11 a 18 anos de idade, todos no mesmo espaço. O som das vozes dos mais velhos, já com voz de homem, impressionou-me muito nas primeiras vezes.

Outra coisa que me fascinava nesse primeiro ano da nova escola era ver os alunos mais velhos trocando de roupa nos vestiários. Eles já estavam com corpos de homem e isso foi uma coisa que nunca tinha visto antes. Mesmo na minha turma, havia meninos já na fase da puberdade, mas eu ainda não estava nessa fase. Ficava curioso. Queria que acontecesse comigo. Queria saber mais sobre sexo. Eu havia levado uma infância muito ingênua. Nunca havia visto um homem nu, e apenas algumas fotos de mulheres nuas. Não sabia como funcionava a genitália nem de onde vinham os bebês. Comecei a perguntar para meus amigos se sabiam como era esse mistério do ato sexual. Comecei a querer ver a genitália deles para comparar com a minha.

Uma noite depois das aulas procurei uma das meninas de quem eu havia mais gostado na escola primária. Fomos para o quarto dela. Ela queria ver meu pênis e eu queria ver a vagina dela. Ela falou que já havia visto o pênis de outro colega nosso, e que ele tinha pentelhos. Fiquei com vergonha por ainda não ter. Acabei saindo do quarto dela sem ver e sem ser visto. Nunca mais me encontrei com ela.

Nas férias de verão, no final do primeiro ano acadêmico na nova escola (eu tinha 12 anos), fomos em família para a Ilha de Guernsei (sem a irmã), e, pela segunda vez na minha vida, fiquei num hotel. Lá estavam hospedadas várias outras crianças com a mesma idade que a minha. Apaixonei-me por uma menina com quem me correspondi e a quem também visitei durante os próximos dois anos. Ela morava em outra região da Inglaterra. Também fiz amizade com um menino da minha idade. Conversamos sobre sexo. Ele me levou ao quarto dele e me mostrou o pênis. Tinha pentelhos. Ele teve uma ereção. Eu lembro que fiquei interessado, mas ainda não senti desejo sexual, só curiosidade.

Ainda nessas férias, dessa vez em família, fizemos um passeio de barco. Chegamos a outra ilha. No porto havia uns 10 rapazes, bêbados, celebrando o aniversário de 21 anos de um deles. O aniversariante caiu no mar. Saindo da água, ele tirou a calça. Eu fiquei fascinado por seu corpo nu, por seus pelos.

Mais tarde, naquele mesmo verão, fomos para casa da minha avó. Pela primeira vez, fiquei mexendo no meu pênis, até gozar. Não sabia que iria gozar. Era noite e escuro. Não podia ver o que havia saído de meu pênis. Imaginava horrores. Se fosse sangue, como eu iria explicar isso para minha mãe e minha avó?! Finalmente, entendi como o homem poderia passar o esperma para a mulher.

Em janeiro do ano seguinte, minha escola organizou um passeio a Londres. Foi a primeira vez que visitei a capital.

Ficamos num hotel barato em Bayswater, com seis meninos em cada quarto, dividindo camas. À noite, antes de dormir, conversamos sobre namoradas, e eu falava da minha, que conheci em Guernsei. Conversamos sobre o ato de abraçar. Abracei o menino ao meu lado. Na minha cabeça, eu estava simplesmente mostrando para ele como eu fazia com a menina. Mas ele interpretou de outra forma, embora eu não tivesse tocado nele sexualmente, só havia colocado meus braços nele. Ele me chamou de bicha na frente de todo mundo e a partir daí a fama ficou.

A fama espalhou-se pela escola. Comecei a passar por momentos difíceis. Principalmente de raiva, porque não aceitava que falassem aquilo de mim. Batia nos colegas que me chamavam de bicha. Tive um amigo, Jonny, com o qual mantenho contato até hoje. Não é homossexual. Sempre me apoiou e nunca ligava para as chacotas dos outros. Acho que o apoio e a amizade dele foram muito importantes para mim naquela fase.

Continuei escrevendo cartas para a menina que conheci nas férias. Declarava-me apaixonado por ela. Ela veio passar alguns dias em casa e eu também fui visitá-la.

Tinha um rapaz que estudava na mesma escola que eu e que morava perto de casa. Comecei a frequentar a casa dele aos sábados. Seu pai tinha revistas pornográficas. Nós subíamos para o quarto dele para olhar as revistas. Ficávamos excitados e nos masturbávamos, mas sem tocar um no outro. Essa amizade não durou muito tempo. Continuei sendo amigo do Jonny. A questão sexual nunca veio à tona com ele, nem nesse período e nem na vida adulta.

Fui visitar a namorada, que morava longe. A visita não deu certo. Seus pais haviam se separado e os filhos não reagiram bem à separação. O clima na casa estava muito pesado. Sua irmã estava internada numa clínica, depois de ter tido uma crise nervosa. Minha namorada falou que não queria mais me ver. Logo depois da minha visita, ela também foi internada. Nunca mais recebi notícias dela.

Comecei a me fechar, a me isolar das pessoas. Quando criança, sempre havia sido uma pessoa bastante aberta, era tão ingênuo que falava a primeira coisa que me vinha à cabeça, sem pensar nas consequências. Aos poucos, fui ficando cada vez mais calado.

Procurei a palavra "homossexual" no dicionário. Pensei: "será que sou isso?".

No fundo, acreditei que poderia ser verdade. Lembro-me até hoje de ter tomado a decisão de não contar para ninguém, de continuar com o sonho de me casar, ter filhos e "viver feliz para sempre". Eu morria de medo de ser rejeitado pelos meus pais se eu me assumisse homossexual. Não contei para ninguém. Guardei aquele segredo dentro de mim. Fazia de tudo para tentar erradicar os sentimentos homossexuais. Eu queria que essa fase da vida acabasse logo, queria ter 21 anos e ser maior de idade. Queria deixar para trás essa confusão em relação à homossexualidade e começar a viver o sonho da vida de adulto que eu imaginava para mim: casado com uma mulher e tendo filhos, seguindo o modelo heteronormativo em que fui criado.

Comecei a assimilar a cultura burguesa da escola. Comecei a gastar dinheiro com roupas. Queria pertencer à classe que a escola representava. Virei uma espécie de esnobe. Quando eu saía na rua, cheguei a ter a impressão de que todo mundo estava olhando para mim, passei a temer que as pessoas que conhecia também passassem a achar que eu era gay. Chegava em casa suando de desconforto. Utilizei o esnobismo para me dar uma justificativa para ser diferente. Para ser superior materialmente.

Parei de sair de casa. Ficava trancado em meu quarto, estudando, ou ajudando meu pai no quintal para não ter que sair. A única exceção era quando eu ia à casa do Jonny. Para chegar lá, tinha que pegar dois ônibus. Aí eu passava desconforto em passar pelas ruas, ficar no ônibus, imaginando o que as pessoas poderiam estar pensando de mim. Uma vez, voltando à noite da casa dele, apanhei de dois rapazes sem saber por que, enquanto esperava no ponto de ônibus. Mais tarde, entendi que bateram em mim porque acharam que eu era gay.

Aos 14 anos, eu já era alto e parecia mais velho. Meu pai me levava ao bar para me aproximar de seus amigos. Eu ficava quase sempre calado, escutando a conversa e tomando cerveja. Ficava com medo de abrir a boca, caso os amigos dele também me achassem homossexual e comentassem para ele.

Meu pai também fazia sua própria cerveja em casa, muito forte. Encorajava-me a beber, com moderação. Ele pensava que seria melhor eu aprender a beber aos poucos do que descobrir a bebida aos 18 anos (idade a partir da qual era permitido tomar bebidas alcoólicas em público na Inglaterra). Segundo ele, muitos adolescentes cujos pais proibiam a bebida passavam a tomar em excesso ao chegar aos 18 anos, por causa da repressão que haviam sofrido em relação à bebida.

Comecei a tomar demais. Às vezes, eu tomava à noite quando meus pais saíam. Uma vez, cheguei à escola com uma ressaca terrível. Vomitei duas vezes. Menti que comi alguma coisa estragada. Passei a ter depressões muito fortes sem saber o porquê.

Quando eu estava com 15 anos, meu pai foi internado de emergência, com uma úlcera perfurada no estômago e obstrução da vesícula. Foi operado e teve a vesícula e parte do estômago removidas.

No período de recuperação, que foi longo, ele não podia cuidar mais do quintal. Tomei a decisão de ajudá-lo. Não fui obrigado e ele não pediu. Passei a fazer tudo para ele. Pintava a casa, plantava e colhia. Começávamos a ficar mais próximos. Mas as conversas sempre eram daquele tipo, de pai para filho. Ele falava enquanto eu escutava. Ele dava sua opinião e queria que eu a assimilasse. Meu interesse em ajudar no quintal reabriu a relação que havia sido difícil desde os meus 5 anos.

Meu irmão terminou os estudos e foi morar em Londres. Ele dividia um apartamento com mais dois rapazes. Só tinha uma cama de casal e uma cama de solteiro. Ele dividia a cama de casal. Fiquei curioso para saber como era essa história de ele dividir a cama com outro rapaz.

Em um fim de semana, ele trouxe um casal de amigos para a casa de nossos pais, um rapaz e uma moça da Austrália, para eles conhecerem o interior da Inglaterra. O rapaz dormiu no mesmo quarto, comigo e meu irmão. Todos em camas separadas. Ao contrário de nós, que nunca tínhamos mostrado a nossa nudez um para o outro, o australiano era completamente desinibido e andava nu no quarto. Fiquei muito excitado ao ver aquele espetáculo.

Mais ou menos uma vez por ano, íamos visitar minha irmã e passar o dia com ela. Ela nos visitava pouco, só quando havia um aniversário. Ela dividia um apartamento com uma enfermeira. Fazia vários anos que elas moravam juntas. Só tinha uma cama de casal no apartamento. Ficava me questionando:

— Será que ela é lésbica?

Mas não havia conversa entre mim e ela. Eu não sabia onde começar e parecia que ela resistia a qualquer abertura. Fiquei na dúvida um bom tempo.

Nessa época, quando minha irmã e meu irmão não moravam mais em casa, só eu e minha mãe íamos para casa da minha avó passar duas semanas com ela no verão. Minha mãe tinha um primo, uns 10 anos mais novo que ela. Quando eu tinha 13 ou 14 anos, ele voltou do Canadá, onde havia morado durante anos, para cuidar da mãe dele, que logo depois morreu. Depois da morte dela, ele mudou para uma casa alugada, a vários quilômetros da cidade, num local muito isolado. Todo ano eu ia visitá-lo. Levava em torno de uma hora a pé para chegar lá. Sempre me oferecia cerveja e me contava de suas aventuras sexuais com mulheres no Canadá. Eu sentia, porém, que ele estava interessado em mim. Ele dava "umas indiretas". Mas, nessa época, não acontecia nada, eu não me sentia seguro e não sabia como reagir, e ele respeitava. Anos depois, certa noite, numa dessas visitas, quando eu já era um jovem adulto, acabei dormindo lá... De manhã cedo, no dia seguinte, enquanto ele se aprontava para ir para o trabalho, perguntei para ele se tinha tido outros relacionamentos com homens. Ele só respondia que começou quando era jovem e servia o exército. Ele não quis falar mais sobre o assunto.

Quando reflito sobre meu passado e sobre minha adolescência, em especial, parece que passei por duas fases. Na primeira fase, ainda na puberdade, meu interesse era pelos corpos masculinos, mas não interpretei o significado disso.

Lembro-me de uma matéria da revista do jornal *The Sunday Times*, que mostrava como as roupas podem determinar como vemos as pessoas. Para ilustrar a matéria, tinha uma foto de um homem com uniforme de policial e outra foto do mesmo homem completamente nu. Aquela foto mexeu comigo. Mesmo assim, eu só queria saber como seria meu corpo adulto. Não pensava no ato sexual. Devido à maneira como fui criado, entendia que sexo era para ser feito com mulheres, nem imaginava que homens pudessem fazer sexo entre si. No entanto, meu jeito de ser e minha natureza sensível despertavam a desconfiança dos outros, de que eu fosse homossexual. Ao tomar consciência isso, passei para a segunda fase. Evitava qualquer forma de contato que pudesse implicar interesse sexual em pessoas do mesmo sexo. Eu me reprimia. Experimentei sair com várias meninas. Mas não fui bem sucedido. Não me sentia bem com elas. Elas, por outro lado, já queriam namorar.

Durante toda minha adolescência eu adorava caminhar. Tinha um cachorro que era meu desde a infância. Eu passeava muito com esse cachorro, às vezes percorrendo distâncias bastante grandes. Um dia de verão, eu estava passeando com ele num caminho pouco usado. Cheguei a uma ponte que passa por cima do canal. Não era asfaltada, porque servia apenas para ligar os campos dos dois lados do canal. Deitado numa toalha, de olhos fechados e completamente nu, tinha um homem de uns 20 e poucos anos tomando sol. Ele tinha pele bem clara e cabelos e pelos louros. Ele não estava excitado. Eu parei, olhei, tive uma ereção. Tomei coragem e passei na frente dele. Disfarcei que não estava olhando para ele, mas ele nem abriu os olhos. Eu tremia de excitação: me escondi atrás de uma árvore e olhei para ele, mas não tive a coragem de me aproximar e continuei no meu passeio. Como eu me arrependi, mais tarde, de não ter aproveitado essa oportunidade!

Continuei na mesma escola até os 18 anos. A partir dos 16, diminuíram as chacotas contra mim. Não que os outros estudantes haviam parado de me achar homossexual, mas todos nós estávamos amadurecendo. A situação era de "faço de conta que não sou e nós fazemos de conta que você não é". Foi nesse período que comecei a ir melhor nos estudos. Meu amigo Jonny deixou a escola aos 16 anos, mas continuávamos mantendo contato. Saíamos juntos para tomar cerveja nos fins de semana. Ele arrumou uma namorada, mas isso não interferiu em nossa relação e saíamos juntos, às vezes, só nós dois, às vezes, os três.

    Uma noite, quando eu tinha 18 anos, eu e ele havíamos tomado umas bebidas e estávamos na casa dele. Todo mundo já tinha ido dormir. Ficamos conversando. Ele chegou a dar o que interpretei como uma cantada muito sutil em mim. Fiz de conta que não entendi. Fiquei com medo. Não sabia o que fazer. Se era uma brincadeira da parte dele, um tipo de teste para ver se eu era gay, ou se ele quis mesmo. Também não queria estragar a amizade em função de um possível mal-entendido. Fui para casa sem nada ter acontecido. A nossa amizade continuou inalterada. Entre nós, a questão da minha sexualidade só veio a ser discutida novamente quase 30 anos depois numa conversa bem humorada de mesa de bar, junto à esposa dele e ao Toni. Jonny só disse que lembrava que as pessoas comentavam que eu era gay quando éramos adolescentes, mas que para ele isso não importava.

    Desde a infância, até os 16 ou 17 anos, eu e a minha mãe íamos à igreja todo domingo. Quando meu pai se recuperou da cirurgia, ele também passou a ir conosco. Não íamos por convicção religiosa. Era mais porque fazia parte do ritual social. Era mais uma atividade que gerava aceitação na comunidade. Mas o triste é que, muitas vezes, era mais parecido com um desfile de moda, com exibição de poder aquisitivo. Servia mais para reforçar a "normalidade" da sociedade consumista. Eu parei de ir à igreja em função dos estudos, que, naquela época, me tomavam muito tempo. Todo mundo parou de ir e voltamos pouquíssimas vezes depois. Ademais, por meio da literatura que estava estudando, tomei consciência do quanto a religião havia sido utilizada para manipular as pessoas e o quanto era uma fonte dos principais conflitos e guerras. Fiquei um tanto revoltado com isso.

    Além de ir semanalmente à igreja, durante um período de 14 anos, desde a escola primária até o final da escola secundária, sempre rezávamos e cantávamos hinos de manhã cedo na escola, além de termos aulas de religião, a partir da visão anglicana. Essa educação religiosa que tive nunca foi utilizada como argumento contra a homossexualidade, ou para condenar os homossexuais ou sua prática. O assunto simplesmente nunca foi levantado. A religião servia para colocar um exemplo de vida. Ensinava como escolher entre o bem e o mal, como se comportar de forma ética e moral, como tratar as outras pessoas com dignidade. Não se dava ênfase ao pecado nem a uma interpretação da Bíblia como um instrumento para impor medo. Uma diferença fundamental entre o catolicismo e o protestantismo é a ausência da confissão no protestantismo. Isso faz com que a pessoa se controle mais, examine melhor sua consciência antes de agir, porque não tem a saída do perdão do confessionário.

Aos 18 anos, em 1976, completei meus estudos na escola. Passei no vestibular de uma universidade que ficava numa cidade distante chamada Hull. Fiquei sabendo durante a visita anual à avó. Só que dessa vez, ela estava doente, já internada com diabetes descontrolada e quase em coma. Enquanto estávamos lá, ela morreu com 82 anos. Foi a maior perda que tive até então e fiquei muito abalado.

Antes de ingressar na universidade, ainda durante as férias de verão, fui com meus pais passar duas semanas num hotel chique no litoral leste da Inglaterra. Foi uma espécie de despedida. Uma noite, estávamos à mesa para jantar. O garçom, muito bonito, trouxe os pratos. O prato estava muito quente e ele colocou meu prato na mesa utilizando uma toalha. Ao retirar a mão do prato, passou a mão no meu pênis, disfarçadamente embaixo da toalha. Quase caí da cadeira. Fiquei vermelho, fiquei excitado e sem jeito. Mas não deu em nada. Eu era tão reprimido que não me permitia tomar qualquer iniciativa.

Amanda

Naquela época, o sistema britânico de educação facilitava os estudos universitários. O governo pagava as mensalidades dos estudantes para as universidades e, dependendo da renda dos pais, também concedia uma bolsa de estudos, de modo que não era preciso trabalhar para se sustentar e se podia estudar em tempo integral durante o dia pelo período de tempo necessário para se formar, geralmente três ou quatro anos.

O primeiro mês na universidade foi difícil para mim. Tive uma saudade enorme dos meus pais. Não gostava muito do curso, Letras (francês). Fiquei quase sem amigos, embora vários dos colegas da minha escola também estudassem na mesma universidade e saíssemos juntos de vez em quando para tomar cerveja.

Foi nessas primeiras semanas que conheci Amanda. Demo-nos bem desde o primeiro encontro, que foi na matrícula, no primeiro dia na universidade. Começávamos a voltar juntos das aulas para casa, conversando. Ela correspondia àquilo que eu havia procurado antes nas meninas. Uma pessoa para conversar, ser amiga, compartilhar ideias. Ela não estava preocupada só com o namoro.

Ela teve uma educação bastante repressora por parte dos pais. Filha única de um casal já não tão jovem, frequentavam a Nova Igreja da tradição swedenborguiano. Não permitiam que saísse com rapazes ou entrasse em bares. A nossa autor-repressão mútua se complementava. A gente se respeitava, se entendia, por ter tido uma formação parecida. Ela, porém, não era nada tímida. Era vivaz e engraçada, fazia amizade com facilidade. Era boa companhia.

Comecei a depender dela. Frequentava muito o quarto dela. Mas o nosso namoro não passava do beijo. Eu sempre voltava para meu quarto para dormir. Na época das férias, nos visitávamos. Ela se deu bem com meus pais e os pais dela gostavam de mim.

Passaram-se dois anos assim. No verão de 1978, noivamos. Ainda não havíamos transado.

Como parte do curso universitário, tínhamos que passar o ano seguinte na França, como professores assistentes, para aperfeiçoar o domínio do idioma. Amanda foi fazer o estágio dela numa escola no norte da França, perto da fronteira com a Bélgica. Eu fui para uma escola na região central do país. Para nos visitarmos, era necessário viajar umas seis horas de trem, tendo que trocar de trem em Paris. Na nossa primeira noite na França fizemos amor pela primeira vez. Ela morria de medo de engravidar e não conseguia relaxar. Ela ainda estava muito influenciada pela pressão religiosa dos pais. Nós nos visitávamos a cada três semanas e a nossa relação continuou forte. Fizemos muitos amigos franceses e foi um ano feliz.

Lembro-me das viagens de volta, no trem, depois de ter passado os fins de semana com ela. Eu pegava um trem que saía de Paris às 21h, mais ou menos. Esse trem tinha como destino a cidade de Toulouse, no sul da França, e sempre ficava lotado. O trem estava dividido em compartimentos fechados, com assentos para oito pessoas cada. Sempre havia muitos soldados, jovens fazendo o serviço militar que viajavam nesses trens. Era muito comum apagar a luz do compartimento e as pessoas dormirem. Mais de uma vez aconteceu de eu estender as pernas e ficar com elas balançando com o ritmo do trem, tocando nas pernas de um soldado. Mais de uma vez, senti que a perna era bem-vinda. A pessoa não mudava a perna de lugar para parar com o contato. Dava um tesão, mas eu ainda era tão ingênuo e ainda me reprimia tanto, que nunca fui mais adiante.

Terminado o ano letivo na França, meus pais vieram para passar as férias. Fomos todos para o sul da França, eu, meus pais, Amanda, meu irmão e a esposa dele. Uma tarde, tomamos um barco que fazia o trajeto entre o porto de Saint Tropez e as ilhas na baía. O barco chegou a uma ilha de nudismo e várias pessoas desceram. Um homem, que durante a travessia estava sentado ao meu lado, desceu do barco e tirou a roupa na hora. Era um homem muito bonito, musculoso e peludo. Fiquei excitadíssimo. O barco tomou a volta para o porto e eu fiquei com aquela cena na cabeça por um bom tempo.

Voltando para o ano final na universidade na Inglaterra, fizemos amizade com um rapaz do nosso curso. Era um rapaz muito simpático. Tanto Amanda quanto eu gostávamos muito dele. Às vezes, eu e ele saíamos juntos para tomar cerveja. Em algumas dessas ocasiões, como já era tarde e ele morava do outro lado da cidade, ele dormia no meu quarto. Na hora de ir dormir, eu me despia na frente dele, mostrando a nudez, mas sem ficar excitado. Nunca aconteceu nada. Sentia uma atração tão forte por ele que cheguei a escrever uma carta para ele durante as férias de Natal, na qual tentei expressar o quanto gostava dele. Ao voltar à universidade, depois das férias, ele me questionou sobre o conteúdo da carta. Não soube explicar. Permanecemos sendo amigos, mas ele se distanciou bastante de nós.

O último ano na universidade foi marcado por muitas brigas entre mim e Amanda. Na maioria das vezes, quem brigava era eu. Brigava porque me sentia preso. Brigava por ela não querer ter filhos. Brigava por causa da presença incessante de uma de suas amigas. Enfim, achava qualquer motivo para brigar com ela. Mas sempre acabávamos nos entendendo, saindo das brigas gostando um do outro.

Estávamos numa situação que não nos deixava seguir a nossa vontade. Os dois queriam voltar para a França, para morar durante alguns anos. Não estávamos preocupados com carreiras. Porém houve muita pressão, sobretudo por parte dos pais dela, para que nos casássemos e nos estabelecêssemos na vida. A influência deles era muito forte. O pai dela chegou a ameaçar que se dormíssemos juntos e não casássemos, ele cortaria meu saco! Também éramos cercados de casais amigos que iam se casar naquele verão e fomos seguindo o mesmo caminho. Para agradar aos outros, lançamo-nos no casamento.

Durante o verão de 1980, depois de formados, fomos a três casamentos diferentes de amigos da faculdade. Uma curiosidade: só um desses casamentos sobreviveu até hoje.

Analisando esse meu relato, e as diversas vezes que descrevi experiências que tive de cunho sexual, sem que houvesse o ato sexual propriamente dito, vejo o quanto era grande a minha autorrepressão em relação à minha própria sexualidade, ao meu medo da rejeição por ser homossexual, à falta de referências, ao lidar sozinho com esses sentimentos e conflitos por mais de 10 anos na puberdade, adolescência e início da vida adulta.

As consequências disso vieram à tona na próxima etapa da minha vida.

Vida de casado

O ano de 1980 não foi um bom ano para o mercado de trabalho na Inglaterra. Havia muito desemprego. Já tínhamos marcado a data de nosso casamento, 20 de setembro, e nenhum dos dois conseguia emprego. Passamos uma parte da nossa lua de mel no apartamento de minha irmã, que agora morava em Londres. Ela não morava mais com a enfermeira, mas era evidente que ela era namorada da moça com quem dividia o apartamento. Também era evidente que os amigos masculinos dela eram gays.

De setembro até o ano novo, passamos uma semana morando na casa dos meus pais e depois outra na casa dos pais dela, sucessivamente. Amanda começou um curso de secretária bilíngue em Manchester e eu consegui emprego no McDonald's, em Londres, como gerente trainee de um restaurante. Em janeiro, eu me mudei para Londres e Amanda ficou na casa dos pais dela, até terminar o curso, no mês de julho.

Nessa época de separação, um sábado no mês de junho, recebi um telefonema de meus pais dizendo que a irmã do meu pai estava passando mal, estava internada em um hospital e, provavelmente, não sairia com vida. Eu gostava muito dessa tia, uma mulher gorda, vivaz, brincalhona.

Fiquei muito triste com a notícia, saí da casa e fui andando numa tentativa de me acalmar. Não conhecia muito bem o bairro onde eu estava morando. Cheguei, pela primeira vez, a Hampstead Heath, um vasto parque ao norte de Londres. Sentia muita falta do entorno rural de Bollington, onde se podia andar à vontade no campo. Não gostava de Londres, porque me sentia fechado, engolido pela imensidão construída. Chegando a Hampstead Heath, reencontrei um espaço aberto, semirrural. Adorei. Fui andando. Havia uma parte mais selvagem, não muito bem cuidada, propositalmente. O capim era alto. Percebi que havia homens deitados tomando sol. Parecia-me que alguns deles estavam nus. Continuei meu passeio e em seguida voltei para casa.

Não havia dias fixos de folga no McDonald's. Muitas vezes, eu tirava folga no meio da semana. Amanda conseguiu emprego como secretária bilíngue num banco internacional em Londres e trabalhava nos dias úteis, tendo os fins de semana livres.

Mais tarde, naquele mesmo verão, num dia de folga, fazia sol e tive vontade de ir tomar sol em Hampstead Heath. Levei um livro para ler e fui para aquela parte mais selvagem do parque. Fiquei umas duas horas lendo e olhando. Estava vestindo apenas um shorts de futebol bastante folgado. Chegou um homem. A uma certa distância de mim, ele se despiu, ficou nu e em seguida colocou o calção de banho. Isso me excitou. Continuei lendo o livro, mas não conseguia mais me concentrar. Levantei e passei bem perto dele. Quando passei por ele, ele me olhou e comecei a ter uma ereção. Com aquele shorts, não tinha como esconder. Não parei, mas continuei andando, logo entrei em um bosque. Uma vez entre as árvores, virei-me e vi que ele estava me seguindo. Parei e olhei. Ele se aproximava. Dava para ver que ele também estava excitado. Ele parou a certa distância de mim. Meu coração batia muito forte e eu tremia. Fiquei pensando: "meu Deus! O que estou fazendo?".

Cheguei perto dele. Ele começou a passar mão em mim, e eu nele. Senti tanto prazer ao tocar no corpo dele, de sentir as mãos dele me acariciando.

Depois ficamos conversando. Contei para ele que eu era casado. Ele também tinha se casado quando jovem, chegou a ter um filho, mas depois se separou da esposa porque se assumiu enquanto homossexual.

Marquei outro encontro com ele no dia seguinte. Fui para casa tremendo de medo, de culpa, confuso. E Amanda? Como que eu poderia estar traindo-a assim?

O encontro do dia seguinte não deu muito certo. O tesão havia passado e comecei a analisar a pessoa. Achei que tínhamos pouco em comum. Fomos para a casa dele, mas não foi legal. Não o procurei mais.

As aventuras pararam por aí. Pelo menos, durante um tempo. A situação com a Amanda continuou indo bem. Nós nos dávamos muito bem. Tínhamos o mesmo senso de humor, os mesmos interesses, os mesmos gostos. O sexo também funcionava entre nós, embora ela tivesse bastante dificuldade em relaxar durante o ato. Continuávamos vendo os amigos da universidade, embora com menos frequência, devido à distância que nos separava.

    O trabalho no McDonald's estava começando a me deprimir. Não havia sossego. Eram exigentes demais. Queriam uma pessoa mandona, e isso não se coadunava com a minha personalidade. Fazia com que se acumulasse um conflito muito grande dentro de mim. Na primavera do ano seguinte, Amanda e eu fizemos um passeio durante dois dias fora de Londres. Foi o primeiro fim de semana juntos em meses, devido às escalas que eu trabalhava no McDonald's. Fomos para o litoral. Foi tão gostoso passear, andar e jantar juntos. Na volta, no domingo à tarde, tive que começar a trabalhar às 17h. Dirigindo para o trabalho, comecei a chorar, algo que eu raramente fazia. Eu queria que o fim de semana que havíamos passado continuasse, queria que a nossa relação retomasse a forma que tinha na universidade.

    O verão veio e a pressão no trabalho continuou aumentando. Fui transferido para ser subgerente de um restaurante que tinha acabado de ser inaugurado. Os funcionários eram todos inexperientes e o volume de trabalho que caía em cima dos gerentes era tremendo. Tive que levar trabalho para casa nos poucos dias de folga. Num daqueles dias, no final da tarde, antes de Amanda voltar do trabalho, fui para Hampstead Heath, pela primeira vez desde o ano anterior e acabei tendo uma relação sexual com um cara que estava no bosque. Senti-me tão sujo depois, que meu estado de depressão se aprofundou. Na sexta-feira da mesma semana, eu estava de plantão no turno da noite. Chegando ao trabalho, fui possuído pela mesma vontade de chorar. Não consegui me controlar. Falei para o gerente que queria me demitir. Falei com Amanda por telefone, ela tentou me acalmar. Fui para casa chorando feito um bebê. Fui para cama e dormi das 18h até a tarde do dia seguinte.

    Acordei me sentindo um idiota. Eu e a Amanda conversamos bastante, e resolvi não voltar para o McDonald's. No domingo, pela primeira vez em mais de um ano, tivemos um encontro com meu irmão e a esposa dele. Ele estava trabalhando como engenheiro de televisão, na filmagem de um torneio de críquete. Apesar da situação em que eu me encontrava, não consegui comentar com ele sobre o que havia acontecido comigo no McDonald's.

Durante a semana seguinte, fui procurar trabalho, sem sucesso. Chegou um telegrama do McDonald's marcando uma reunião com o supervisor-chefe. Fui. Tivemos uma conversa franca. Ele me ofereceu minha posição de volta e aceitei.

Cheguei a pensar, vários anos depois, que talvez a depressão e a crise não se devessem tanto à questão do McDonald's quanto à questão da minha homossexualidade mal resolvida.

Logo depois, mudamos de casa. Estávamos morando em três peças alugadas no sótão de uma casa antiga no bairro de Highgate. Conseguimos pagar a parcela de entrada de um apartamento num bairro mais distante e nos mudamos em agosto. O apartamento era antigo e precisava de uma boa reforma. Nos dias de folga, eu trabalhava pintando e arrumando. Foi num desses dias, logo depois da mudança de casa, que fui de novo para Hampstead Heath. Era logo depois do almoço. Conheci um homem mais velho, com mais ou menos 40 anos. Era pianista. Acabei tendo uma relação sexual com ele, mas não me senti bem depois.

Voltei para casa e comecei a reformar uma porta. Sentia-me vago. Como se tivesse ultrapassado um limite. Sentia-me culpado e um traste por estar traindo Amanda. Com certeza ela iria perceber alguma coisa diferente. Mas não.

Em outubro, fomos passar duas semanas na Tunísia. Foi a primeira vez que viajávamos para um país tão diferente. Lá ainda fazia muito calor, apesar de já ser outubro. Logo começamos a passar mal. Diarreia. Não consegui me enturmar com os outros casais jovens hospedados no mesmo hotel. Fiquei meio distante e até agressivo. Amanda espantou-se com isso, não era uma conduta normal minha. Durante um fim de semana, fomos de ônibus numa excursão para a beira do deserto Saara. Ficamos numa pousada bastante simples e fomos acordados logo antes do amanhecer, para ver o sol se levantar no deserto.

Saímos da pousada e fomos para o deserto de camelo. Havia muitos turistas na excursão, além de muitos árabes acompanhando. Era uma situação muito confusa, desorganizada. Amanda conseguiu montar o camelo primeiro e foi na frente. Eu percebia que alguns dos árabes estavam me olhando e se cutucando. Com certeza, perceberam que eu era homossexual.

Em dezembro, mudei de emprego. Comecei a trabalhar num hospital da rede pública, no setor financeiro. Ao contrário do McDonald's, ali a pressão não existia. No começo, pensei que havia chegado a uma colônia de férias! As pessoas com quem trabalhava, a maioria mulheres, ficaram curiosas a meu respeito. Uma chegou a perguntar se eu conhecia um bar gay. E o triste era que não conhecia! O gerente da seção, um senhor já de idade, que bebia em excesso até no trabalho, estava tendo um caso com uma senhora da mesma idade que trabalhava na mesma seção. Ela era casada, mas saía com o gerente sem maiores preocupações. Um dia a fofoca correu que o marido dela havia brigado com o gerente. Logo depois, ela me disse:

— Tenha certeza de que teus pecados vão te relevar um dia.

Essa frase me marcou muito.

Naquele inverno, quase não fui mais a Hampstead Heath, mas quando o verão chegou, junto ao "calor", a tentação era irresistível. Conheci um rapaz de minha idade. Foi tão agradável conversar com ele. Senti-me à vontade para conversar sobre qualquer assunto, não havia necessidade de me policiar. O alívio era muito grande. Voltei para casa sorridente e leve. Encontrei com ele várias vezes, por acaso, sem ter marcado encontro, e ele me mostrou partes do parque que não conheci antes e onde o movimento de gays era muito maior. Tinha uma mansão abandonada à beira do parque, com jardins enormes, ainda que abandonados. Tinha uma quadra de tênis, toda cheia de capim descuidado, onde os gays se deitavam e tomavam sol completamente nus. Nos bosques do jardim, acontecia cada tipo de transa inimaginável. Naquela época, 1983, a Aids era quase desconhecida. Falava-se mais em herpes. Nesse período, ainda não havia internet. Não existiam sites ou aplicativos de encontro. Os gays que queriam encontros frequentavam locais de "pegação", como Hampstead Heath. Hoje, o local é pouco frequentado pelo público gay.

E a vida dupla continuava – gay, mas casado com mulher. Mesmo assim, a relação entre Amanda e eu não deteriorava. Só que eu não estava completo com ela. Havia descoberto uma parte de mim que estava se soltando cada vez mais e que não tinha nada a ver com ela.

Frequentava o Heath de vez em quando. Uma vez fui lá num dia de inverno e estava nevando. Chegando ao parque, não encontrei ninguém. Depois de meia hora ou mais, percebi que estava sendo seguido por um jovem. Não parei, mas continuei andando e ele me seguindo. Depois de uns 10 minutos, entrei num bosque e esperei. Logo em seguida o jovem se aproximou. Enquanto nós nos conhecíamos, a neve caía ao nosso redor. Parecia que estávamos num casulo branco, protegidos do mundo lá fora.

O verão de 1984 foi devastador emocionalmente. Para a Inglaterra, foi um verão muito quente. A tentação do Heath era forte demais. No dia 20 de agosto conheci David. Ele estava dentro do bosque, quase nu, musculoso. Parei e me aproximei...

Depois, fomos andando juntos e aconteceu uma união instantânea entre nós. Senti-me tão leve. Eu balançava os braços, tanto que ele chegou a comentar sobre meu estado de leveza. Era o aniversário dele. Ele havia passado o dia no Heath. Há vários lagos naturais no Heath onde se pode nadar. Um é reservado para mulheres e outro para homens. Fazia muito calor e ele queria nadar. Eu não conhecia esse lago e isso também foi uma revelação.

Chega-se ao lago por meio de um antigo abrigo de madeira. Do lado de fora, não se pode ver dentro. Ele me levou para dentro. Abrindo a porta, vi um mar de corpos masculinos nus, deitados no sol. Despimo-nos. Eu não estava com calção de banho e fui nadar de cueca. No meio do lago há uma balsa. Ficamos deitados nela um bom tempo, conversando.

A situação era complicada. Ele era pastor anglicano, casado e tinha duas filhas adolescentes, embora soubessem da homossexualidade dele. Mas ele era tão compreensivo, transmitia uma segurança muito grande para mim.

Ele me deu o número do telefone dele, mas ficou claro que a situação, tanto dele como a minha, não era favorável a qualquer outro encontro. Passou um dia, passou outro. Não conseguia tirá-lo da cabeça. No terceiro dia telefonei. Marcamos outro encontro. E outro. E outro. Virou rotina. Sentia paixão por ele. Fazíamos de tudo e só sentíamos prazer, nada de culpa, de repressão ou de desgosto. Puro prazer. Era só nos vermos e já começava a se acender o desejo.

Passaram-se dois meses idílicos.

Aí comecei a tomar consciência da situação. Amanda, o casamento, meus pais e os dela. Como sair disso? E ele, um pastor. Se ele assumisse o nosso caso perante a igreja, iria perder tudo. Fiquei assustado. Não acreditei no que tinha feito. Mas era tão bom. Sentia-me a ponto de explodir. O conflito interno foi intenso.

Uma sexta-feira à noite, no final de outubro, preparei um jantar para Amanda, que naquele dia trabalhou até tarde. Era normal que eu preparasse um jantar assim nas sextas-feiras. Era a ocasião de relaxar depois de uma semana de trabalho. Fiquei esperando, escutando um disco de James Taylor, "You've got a friend". E fui ficando com um baixo astral cada vez pior. Ela chegou. Eram mais ou menos 20h da noite. Ela sentiu que alguma coisa estava errada, gravemente errada. Estávamos sentados à mesa, o jantar pronto.

— O que aconteceu?

Não consegui responder. Enquanto eu não falava, ela perguntou tudo que lhe vinha na cabeça para tentar me fazer falar.

— Alguém morreu? Você foi demitido? Você roubou dinheiro? Você foi assaltado?

Eu chorava, não conseguia falar nada além de "não".

— Você engravidou uma menina que trabalha com você?

— Não, muito pelo contrário.

— O que você quer dizer?

— Não posso dizer.

Aí ela ficou nervosa, não conseguia entender o que era tão grave que eu não conseguia falar.

— Você nunca achou que eu era diferente?

— Como diferente? Claro que não.

— Você nunca achou estranho que eu arrumava a casa ou lavava a louça e as roupas?

— Não, é uma das coisas que gosto em você.

— Mas eu sou diferente.

— Diferente como?

— Eu, eu...

E continuava assim. E ela ficava cada vez mais nervosa.

Até que enfim:

— Você perguntou se eu estava tendo um caso com uma moça do meu serviço. Mas não é uma moça... É um homem.

Aí chorei descontroladamente. Nunca chorei assim antes ou depois. Quase gritava de chorar, quase me sufoquei. Não conseguia parar. Treze anos de autorrepressão se desfazendo, se libertando, e ela:

— Não acredito, não é possível.

— Mas, é, é sim, é verdade.

Então, ela soube toda a história do meu caso com o pastor. Ela ficava cada vez mais revoltada. Eu implorava que ela tentasse entender, que continuava amando-a.

Fomos dormir a uma hora da manhã.

No dia seguinte, tudo começou de novo. Um verdadeiro pesadelo. As perguntas e as respostas. Ela começava a se convencer que não tinha sido uma boa esposa. Que ela havia dado mais atenção ao trabalho e menos para mim. Que ela não era boa de cama. E ela estava com muita raiva. Ela jogava pratos, copos. Quebrava coisas.

No domingo, já conversamos com mais calma. Era como se ela estivesse ferida, literalmente, e que sentisse dor.

Na segunda-feira, fui para o trabalho num transe. Não escutava as pessoas. Não me concentrava no trabalho. Liguei para o David e contei o que havia acontecido.

A relação com David nunca foi a mesma a partir de então. Continuávamos nos vendo, com menos frequência. Criava-se uma barreira entre ele e mim. Uma barreira que eu fui colocando e que o deixava zangado. Amanda foi conhecê-lo. Na hora, eles se deram bem, mas depois a raiva e indignação dela voltaram, com muita força. Não foi uma experiência agradável.

Durante esses meses, fui pela primeira vez, aos 25 anos, a uma boate gay, com ele. Tomei um susto ao ver na boate um chefe de seção do meu departamento no trabalho, Terry. No dia seguinte, após o trabalho, eu e Terry fomos a um bar para conversar. Eu estava completamente chocado. Nunca havia suspeitado nada a respeito dele. Ele passou a ser um tipo de confidente para mim. Contei tudo para ele. E ele contava a vida dele para mim.

Depois do Natal, resolvi terminar com David. Apesar de tudo o que eu sentia, não conseguia me aceitar naquela situação. Ainda me reprimia, ainda queria voltar atrás. Queria esquecer o episódio. Ele ficou muito magoado, mesmo sabendo que iria acontecer, inevitavelmente. E sua raiva e tristeza só serviam para me afastar com mais rapidez. Conversando com ele anos depois, ele comentou que me amava muito e continuava me amando, mesmo tendo em vista a situação dele. Ele continuou sendo pastor, casado e tendo casos esporádicos com outros homens.

De janeiro a julho, não olhei mais para homens. Fui um marido modelo. Amanda e eu fomos reconstruindo nosso casamento, aos poucos. Nosso relacionamento ficou mais formal, mas com muito respeito mútuo. No entanto, perdeu muito da alegria.

Tenho que admirar a força de Amanda. Eu, pelo menos, tinha pessoas em quem eu podia confiar e expressar o que eu estava sentindo. Ela não. A única pessoa mais próxima que ficou sabendo foi minha irmã. Eu contei a ela o que tinha acontecido. Amanda não gostou disso e mesmo tendo abertura para conversar com minha irmã, não se sentia à vontade. Então, ela guardou todo o rancor, a tristeza e a decepção dentro dela. Eu fora, durante muitos anos, o único confidente que ela tinha para desabafar sobre o assunto. Acredito que ela não quis contar para outras mulheres, porque, durante um bom tempo, continuou a acreditar que falhou como esposa e que seria julgada assim pelas outras. Foi um processo muito demorado, de anos, para ela poder falar do assunto sem medo com outras pessoas, com naturalidade e com aceitação.

Em junho, fui à casa de Terry, o chefe de seção do meu serviço. A visita acabou na cama. A relação foi começando aos poucos. Dessa vez, não demorou muito para Amanda saber que algo estava acontecendo. Eu também não escondia tanto. Fui querendo descobrir mais sobre o mundo gay, ter uma vida na qual podia sentir-me mais à vontade, sem disfarçar. Saía com ele às sextas-feiras à noite. Às vezes dormia na casa dele. Amanda ficava sozinha em casa, voltando-lhe toda a raiva que havia sentido no começo. Ela brigava e jogava coisas. Depois, vieram momentos mais racionais. Ela dizia:

— Vá se divertir, não posso obrigar você a ser o que não é.

Porém esses momentos de aceitação foram intercalados de raiva, de discussões e brigas.

Em novembro daquele ano (1985), mudei de emprego. Após algumas semanas, eu e Terry terminamos. Nunca mais o encontrei.

Sempre fui uma pessoa diligente e trabalhadora. No emprego ganhei promoção após promoção e acabei sendo o vice-diretor do departamento, responsável por 35 funcionários.

Acho que ao chegar os 30 anos, comecei a questionar o que era minha vida, em que direção estava indo. Comecei a sentir, mais forte do que nunca, o conflito interno. Cheguei a ficar revoltado comigo mesmo por ter levado minha vida tentando agradar aos outros, fazendo o que os outros queriam, e não o que eu queria.

Comecei a sair mais sozinho, à procura de outros homens.

Um fim de semana, Amanda viajou, voltando apenas na segunda-feira. Comportei-me muito bem até o domingo à noite. Eu estava dirigindo o carro. Ultrapassei outro carro. Houve uma troca de olhares entre mim e o rapaz do outro carro. Fomos nos seguindo até um bar gay onde paramos e conversamos bastante. Foi um começo muito gostoso. Despertou sentimentos em mim que não havia sentido desde David.

Não tínhamos onde ficar a sós. Eu não podia levá-lo para casa, e ele não podia me levar para casa dele. Então, às vezes, ficávamos no meu escritório depois do serviço, quando não tinha ninguém, às vezes, ficávamos na loja onde ele trabalhava, também depois do serviço. Um desses encontros aconteceu no dia em que caiu o Muro de Berlim. Para mim, havia um simbolismo na queda do Muro e o fato de eu estar tentando romper os obstáculos, derrubar o muro interno, que estava me impedindo de ser eu mesmo.

Depois de algumas semanas, houve uma mudança. Ficou evidente que ele estava saindo com outra pessoa, e aí o caso terminou. Eu fiquei muito magoado. Gostava muito dele.

Amanda sabia da situação. Com certeza, não gostava muito, mas havia amadurecido e se conformava. Não havia mais cenas. Nossa relação havia se tornado uma amizade muito forte. Não nos víamos mais como sendo uma possessão um do outro. A gente se dava mais liberdade, aproveitando o tempo que podíamos passar juntos.

Mesmo assim, chegando ao mês de março de 1990, esse estado de conflito interno e a vontade de resolvê-lo uma vez por todas estava a ponto de estourar.

No trabalho havia outro rapaz gay da minha idade, com quem eu saía para tomar cerveja e desabafar de vez em quando. Era uma amizade e nada além disso. No dia 29 de março de 1990, fomos a um bar com o namorado dele. Depois de várias cervejas, deixei-os no bar e fui para casa.

Na saída da estação de metrô de Highgate, encontrei o homem que iria me ajudar a mudar de vida e me assumir enquanto homossexual. Esse homem veio no momento certo e foi a pessoa certa para mim. Nunca imaginei que fosse ser uma mudança tão radical.

O NAMORO

David: Depois dos primeiros encontros, a relação foi se desenvolvendo. Minhas visitas ao Toni passaram a ser mais frequentes. Comecei a gostar muito dele. Ele me contava da sua vida no Brasil. Contava para mim que queria fundar um grupo LGBTI+ e queria ser político (vereador) para promover a cidadania LGBTI+. Eu explicava a minha vida para ele. Ele tentava me orientar a respeito de Amanda. Saíamos juntos em Londres, como turistas, andando, tirando fotos. Em todo lugar íamos acompanhados por um dicionário de bolso que ajudava nos momentos em que não conseguíamos nos entender devido às diferentes línguas que falávamos. Passou um mês, dois meses, três meses. Ele queria ir para a França em setembro de 1990 para terminar a viagem pela Europa que havia planejado.

Eu ainda vivia um conflito muito grande, porque era casado e não conseguia conciliar o fato de ser casado com uma mulher e também ser homossexual. Tinha entrado numa situação aparentemente sem saída. Eu gostava dele, mas sentia uma culpa enorme em relação à minha esposa. Gostava do Toni porque ele entendia minha situação. Ele era uma pessoa alegre e brincalhona que trouxe alegria para minha vida.

Toni estava querendo seguir o plano que tinha feito, de passar seis meses em cada país. Estava na hora de deixar a Inglaterra e ir para a França. Eu sabia dos seus planos e conversamos sobre uma solução. Eu fiz uma proposta:

— Se você ficar mais seis meses, eu posso resolver minha situação com Amanda, a gente pode poupar dinheiro e depois eu vou com você para a França.

Toni aceitou.

Estava chegando a hora de tomar uma decisão. Ser privado da companhia do Toni me deprimia. Parecia que eu estava com a Amanda só para satisfazer aos outros, negando minha vontade de estar num outro lugar.

Fui à casa de Toni numa segunda-feira, nunca senti uma sensação de amor tão profunda ao revê-lo. Foi aí que me decidi. Tomei a decisão de ficar com ele, baseado no sentimento que tive naquele momento. Mas não comuniquei isso a ele.

Na quarta-feira, tentei explicar para Amanda que não voltaria mais para casa. Que queria me separar dela. Acho que ela não entendeu, ou não quis entender.

Fui para a casa de Toni e anunciei que estava lá para ficar. Foi uma surpresa para ele, que ficou muito feliz. Eu estava abalado. Chorei, falei que me sentia como se alguém muito próximo tivesse morrido.

Toni: Ele chegou no meu apartamento aos prantos, com as malas na mão, e falou: "vim morar com você". Tentei acalmá-lo e fomos conversando. Falei que era normal sofrer quando se toma decisões difíceis, mas que mais vale uma dor rápida de que um sofrimento eterno.

Só fui visitar Amanda novamente no sábado daquela semana. Foi então que ela percebeu que a separação era definitiva. Houve uma cena horrível. Sentia-me culpado. Choramos. Ela gritava. Eu não lembro mais exatamente como a situação terminou. Só sei que saí de lá abalado novamente.

Eu e Toni fomos nos conhecendo melhor. Houve dificuldades no início para nos adaptarmos à nova situação. Continuei visitando Amanda uma vez por semana. Isso causava certa tensão entre mim e Toni.

Foi um período em que poupamos o máximo possível de dinheiro. Estudamos muito (eu estudava português e ele, inglês), namoramos muito. Eram momentos de companheirismo e compreensão. Houve muitos presentinhos.

A vida de brasileiro em Londres não é fácil, para a maioria. Toni estava lá para estudar inglês, mas além de estudar,

Hampstead Heath – Londres, 1990

precisava se sustentar. Ele tinha vários subempregos: entregador de jornais, lavador de carro, lixeiro, faxineiro. O pior foi entregar jornais. Levantava todos os dias, inclusive aos sábados e domingos, às 5h30 da manhã para fazer esse serviço, ganhando pouco. Morávamos em um quarto alugado, numa espécie de pensão, caindo aos pedaços, compartilhando-a com pessoas exóticas. Um casal ítalo-brasileiro, um africano, um roqueiro, outro brasileiro e nós. E eu estava morando no quarto do Toni sem o proprietário saber. Quantas vezes tive que me esconder quando o proprietário comparecia. Outra coisa terrível foi a proximidade da casa de Amanda: apenas quatro quarteirões! Saía à rua com a neurose da possibilidade de encontrar com ela. E chegaram mais brasileiros, todos nós dormindo no mesmo quarto. Que mudança de vida! De uma existência pacata, num apartamento bonito, para uma casa feia e superlotada de pessoas barulhentas.

    A partir de agosto, comecei a falar português. Havia vários meses eu já vinha entendendo muito do que estava sendo dito. A primeira vez que falei português, nós havíamos ido a uma boate com um amigo muito próximo do Toni. Eles se desentenderam. Eu queria falar para Toni que não deveria brigar com o amigo e, de repente, comecei a tentar me expressar em português.

    Fui para casa dos meus pais com a intenção de explicar que eu e Amanda havíamos nos separado. Cheguei lá e contei da separação, mas não consegui contar a verdadeira razão. As palavras "eu sou gay" ficaram presas na minha garganta e não saíam. Meus pais ficaram bastante tristes e confusos, porque eu não tinha dado uma explicação que fizesse sentido para eles.

    Em setembro do ano em que me separei de Amanda (1990), meu tio morreu. Amanda quis ir ao funeral também. Por azar, o dia do funeral caiu no dia de nosso décimo aniversário de casamento. Foi um dia difícil, para todos. Parecia que não somente meu tio havia morrido, mas todo um passado: a relação entre mim e Amanda, entre nós e meus pais, minha irmã e meu irmão. Foi um dia marcado por um sentimento de perda muito grande.

Toni separando jornais para entregar, 1990

Depois, num domingo, eu e Toni estávamos no metrô, indo para casa. O trem parou na estação de Camdem Town. As portas abriram e Amanda entrou. Fiquei branco. Eu não conseguia falar de uma forma coerente; tive que apresentar Toni para ela. Tive que mentir sobre nosso destino. Amanda também estava indo para casa (que ficava perto da nossa, sem que ela soubesse). Eu suava frio.

Um resultado interessante de todo o transtorno da minha separação de Amanda, é que conseguimos permanecer amigos. Depois que vim morar no Brasil, nos correspondemos. No início, ela telefonava três ou quatro vezes ao ano para dar notícias. Com o advento do e-mail, agora trocamos textos duas ou três vezes ao ano. Em 1993, passei duas semanas em Londres e fiquei na casa dela. Naquela ocasião, conversamos muito e, de certa forma, foi como se eu nunca tivesse saído de casa. Retomamos a convivência onde a havíamos interrompido. Para mim, isso mostrou o quanto a verdadeira amizade e a compreensão são fundamentais para a sobrevivência de um relacionamento, mais do que qualquer outra coisa. No nosso caso, o que faltava era eu estar com minha sexualidade resolvida. Só que uma vez resolvida, não havia mais como ficarmos juntos. Para mim, não era mais possível levar uma vida dupla.

Em viagens subsequentes à Inglaterra para visitar minha família, também passei alguns dias na casa de Amanda. Em 2003, Toni me acompanhou. A última vez que fiquei na casa dela foi em 2005. No entanto, em viagens que fiz à Inglaterra em 2007 e 2011 eu sentia que ela encontrava uma desculpa para que eu não a visitasse. Também, passados mais de 30 anos desde a nossa separação, talvez não seja mais apropriado ficar mexendo no passado. Pelo menos continuamos mantendo contato por e-mail. A última vez que estive com ela foi no enterro da minha mãe, em 2015.

Não posso negar que sempre sinto tristeza pelo que aconteceu com Amanda. Ela não se casou novamente e os poucos namoros dos quais tenho conhecimento também não foram para frente. Dedica-se muito ao trabalho e leva uma vida pessoal bastante solitária, embora tenha diversos amigos e amigas e mantenha uma vida social ativa.

Em outubro de 1990, a questão de Toni e eu irmos para a França precisava ser resolvida.

Fui falar com minha chefe no trabalho, Anne. Falei sobre a minha separação da Amanda e sobre minha intenção de pedir demissão e viajar para tentar acertar um pouco minha vida. Ela não aceitou a demissão e propôs uma licença de três meses. Refleti muito e fui falar com Toni. Propus que fôssemos para a França por três meses e que voltássemos para ficar mais um ano na Inglaterra, poupar dinheiro e planejar uma nova vida no Brasil.

Toni: Quando David falou que queria morar comigo, no Brasil, falei:

— Não, no Brasil tem inflação, problemas sociais, o jeitinho brasileiro. Todo certinho como você é, não vai gostar do Brasil. Seria melhor você conhecer o país primeiro, minha família e a cultura antes de morar definitivamente.

Então, resolvemos ir para o Brasil, e não mais à França, passear durante uns dois meses.

No final de novembro de 1990, viajamos para o Brasil. Eu já tinha escrito para minha mãe e para meus amigos em Curitiba, falando de David. Então, todos já sabiam que eu estava "casado".

Eu estava morrendo de saudades do Brasil. Eu era brasileiroca, ou "brazuca", como diziam lá em Londres. Não podia ver a bandeira do Brasil sem chorar! Viemos para o Brasil. Apresentei David aos meus amigos e à minha família. Minha mãe gostou de David, achou-o muito educado, embora com alguns hábitos estranhos para a cultura brasileira. Era um estranho na família, mas todo mundo gostou dele. Parecia assim: ser bonito, confortável na vida e estrangeiro superava a questão da homossexualidade.

David: Quando cheguei à casa de Toni, senti-me um objeto de curiosidade. Eu não falava português muito bem, tinha dificuldade em me comunicar e também não tinha muito assunto para conversar. Não sabia o que falar. Naquela época, acho que ainda estava bastante deprimido pela separação da Amanda. Mais tarde, depois que vim morar definitivamente no Brasil e

Família de Toni, em Quedas do Iguaçu, no Natal de 1990

visitava a mãe de Toni, passei a ter muito mais facilidade em conversar com ela, mas no início eu era muito fechado. Sentia-me num ambiente estranho. Demorou para eu me adaptar à situação familiar de Toni.

Toni: Ele conheceu o Brasil e eu revi todo mundo. Planejamos como poderíamos levar a nossa vida no Brasil. Abrir uma academia de musculação, uma escola de datilografia, um bar, um restaurante – porque o David, quando era pequeno, tinha o sonho de ser chefe de cozinha. Montar um escritório de contabilidade, porque eu sou técnico em contabilidade... Tínhamos mil e trinta planos.

David: Nessa viagem, fomos a Recife para participar do V Encontro Brasileiro de Homossexuais, em janeiro de 1991. Para mim, foi o início do envolvimento com o movimento. Para o Toni, foi a retomada. Ele havia participado do III Encontro, no Rio de Janeiro, em 1989, antes de viajar para a Europa. Uma vez de volta a Londres, elaboramos o relatório do V Encontro e despachamos pelo correio para os grupos LGBTI+ que conhecíamos no Brasil.

Depois da visita ao Brasil, voltamos para a Europa em janeiro de 1991, chegando primeiro em Madri. Fizemos turismo e viajamos de trem de uma cidade para outra: Barcelona, Milão, Bruxelas, Paris, Dublin, até chegarmos novamente a Londres. Fazia muito frio e nevava. Que coisa mais triste, depois do calor do Brasil. Encontramos um quarto para morar na casa de um casal inglês, no bairro londrino de Finsbury Park. Eu não queria ficar na casa deles se não soubessem e aceitassem que éramos um casal gay. Houve um momento muito constrangedor. Fiquei vermelho, comecei a frase, parei no meio e Toni a terminou. Aí assumimos. Eles já tinham percebido. Mas o importante foi que a situação ficou clara para todo mundo e não havia necessidade de disfarçar nada sobre nossa relação.

Da mesma forma, assumi no trabalho. Depois de alguns meses, Toni foi trabalhar como temporário no mesmo setor. Para mim, foi incrível a aceitação das pessoas com quem eu tinha trabalhado durante todos aqueles anos quando era casado com Amanda.

Naquele ano (1991), Toni foi comigo passar duas vezes o fim de semana na casa dos meus pais. Ele se deu melhor com meu pai do que com minha mãe.

Toni: O assunto da homossexualidade não foi levantado, mas ficou implícito para todo mundo, já que eu e David dormíamos na mesma cama. A lembrança mais bonita que tenho do pai de David é da primeira manhã na casa deles. Nós estávamos na mesma cama. O pai dele abriu a porta. Entrou a cachorra e o pai do David, este carregando uma bandeja com ovos mexidos, torradas e café para tomarmos na cama. Achei isso um ótimo sinal de aceitação.

David: Foi só seis anos depois que cheguei a contar para meus pais sobre a minha homossexualidade. Não era bem "contar", mas eu escrevi uma longa carta explicando tudo, desde as primeiras sensações de ser diferente na adolescência, até o encontro com Toni. Escrevi porque acho que nunca teria tido a coragem de falar cara a cara para eles. Também, pelo fato de estar morando no Brasil, não dava para falar pessoalmente.

Como sempre na minha vida, foram as circunstâncias que finalmente me forçaram a tomar a iniciativa. O fato de eu ter sido autuado pela Polícia Federal, em 1996, por estar irregular no país sem a devida documentação, assim como a ameaça de uma possível deportação que separaria eu e Toni, gerou tanta cobertura na mídia que cheguei a imaginar que alguma coisa a respeito poderia ter sido publicada na Inglaterra. Portanto, resolvi esclarecer tudo para meus pais. Passei três semanas da ansiedade esperando a resposta. Nem tinha certeza de que haveria resposta.

A carta dos meus pais chegou e abri com muita apreensão, apesar de já estar com 38 anos de idade:

— Seu pai e eu não ficamos chocados com suas "revelações", e continuamos amando-o muito. Seu pai falou que é para dizer que "o velho bicho papão" continua te amando. Com certeza, eu nunca desconfiei que você era gay, quando você era jovem e ainda ia para a escola. Só foi quando você trouxe Toni para casa pela primeira vez, depois de se separar de Amanda, é que comecei a me perguntar se você era, mas

Toni com os pais do David na casa deles, 1990

não queria dizer nada, porque poderia estar enganada. Desde que estejam felizes juntos, isso é tudo que importa, pensei.

Toni: No final de novembro de 1991, embarcamos definitivamente para o Brasil.

Já estávamos com a ideia de fomentar a formação de um grupo gay organizado. Quando desembarcamos no aeroporto de Guarulhos, nossa ambição recebeu um impulso. Nossas malas foram extraviadas. Fomos fazer o registro do extravio. A moça perguntou:

— O que vocês tinham dentro das malas?

Falamos que tinha um ursinho branco de pelúcia de um metro de altura chamado Luiz Gustavo e que a maioria das malas era da cor lilás.

A moça achou muito engraçado. Brincou e chamou todos os demais funcionários para escutar a história do ursinho. Felizmente, soubemos responder à altura.

ATIVISMO E MILITÂNCIA

> *"Continue sendo luz ainda que com sacrifício pessoal. A vela só dá luz consumindo-se a si mesma. É difícil. Mas sigamos em frente."*[3]

Toni: Desde quando eu era estudante na UFPR, eu tinha vontade de militar pela causa LGBTI+. Já fazia reuniões informais com outros gays para tratar do assunto. Antes de ir para a Europa, participei de alguns encontros nacionais e tinha contatos com alguns dos grupos LGBTI+ existentes na época. Aprendi muito com as experiências que tive com o movimento LGBTI+ organizado na Europa, retornei ao Brasil mais determinado do que nunca em formar um grupo LGBTI+ em Curitiba. As dificuldades que passei na adolescência por ser gay criaram em mim um sentimento forte de injustiça, de indignação. O objetivo de militar era para mudar a situação das pessoas LGBTI+ no Brasil. Chegamos em Curitiba em dezembro de 1991 e, já em 14 de março de 1992, fizemos a primeira reunião do que viria a ser o Grupo Dignidade. Na época, existiam menos de 20 grupos LGBTI+ em todo o Brasil.

David: Nunca fui uma pessoa de militar ou ter uma causa. Era completamente alienado. Mas quando começamos o trabalho do Grupo Dignidade, comecei a perceber a importância das pessoas LGBTI+ serem visíveis. Àquela época, a maioria das pessoas homossexuais se considerava oprimida, excluída e discriminada, e se contentava em reclamar disso no próprio gueto ou com outras pessoas LGBTI+ que compartilhavam a mesma experiência. Sem se assumir e

---
[3] Mensagem pessoal transmitida ao Toni por um juiz em 2021.

Reportagem sobre a fundação do Grupo Dignidade

mostrar a cara, não há como querer que a sociedade entenda o que é ser LGBTI+. Durante muito tempo, a discriminação foi alimentada pela falta de informação e pela desinformação emitida pelos meios de comunicação, às vezes, nas formas mais estereotipadas possíveis. Felizmente, na atualidade, isso vem ocorrendo cada vez menos. Assim, a visibilidade é fundamental como ferramenta para promover mudanças na visão que a sociedade tem dos indivíduos LGBTI+, para que possa respeitá-los como pessoas.

Toni: Essa foi uma das razões que nos levou, junto a outros amigos e amigas, a fundar o Grupo Dignidade. Nossos princípios básicos sempre foram a visibilidade, a organização e a ousadia. Começamos nosso trabalho com a imprensa local em 1992. Quando foi veiculada a primeira notícia sobre o Grupo Dignidade, eu ainda era professor numa escola da rede estadual, na região metropolitana de Curitiba.

Quase houve uma revolução na escola. O diretor telefonou-me e disse:

— Pelo amor de Deus, não venha para a escola, você vai ser apedrejado. Pode tirar duas semanas de licença.

Eu não segui a orientação dele e fui para a escola. Foi igual à cena do filme *O Padre*, quando o sacerdote volta para a igreja, depois que todos já sabem que é gay.

Cheguei à escola. Todos os estudantes se cutucavam e falavam:

— Olha o professor gay.

Olhavam para mim como se eu fosse um bicho.

Pedi permissão ao diretor e a todos os professores e percorri todas as salas de aulas, falando:

— Eu sou homossexual, realmente, não por opção nem por escolha, porque se tivesse que escolher, escolheria a heterossexualidade. Ninguém iria escolher ser discriminado, ou ser motivo de chacota, e eu não seria tão tolo de ter escolhido esse caminho por livre e espontânea vontade. É um fato da vida. Isso não muda em nada a nossa relação de professor e estudantes e o respeito que temos uns pelos outros.

Na maioria das salas eu fui aplaudido. Em uma das salas um rapaz, que era bastante machão, falou:

— Professor, eu não gostava do senhor, mas admiro sua coragem. Se eu fosse homossexual, eu não teria a coragem de fazer o que o senhor fez.

Depois disso, tornamo-nos amigos no colégio.

A partir de então, começamos a conquistar espaço, devagar e, muitas vezes, com insegurança, sobretudo no início.

Também houve reações contrárias à notícia da fundação do Grupo Dignidade. Protocolamos ofícios para todos(as) os(as) vereadores(as) de Curitiba e todos(as) os(as) deputados(as) estaduais do Paraná, informando da criação do Grupo e de seus objetivos.

Recebemos a resposta de um dos vereadores, em papel timbrado da Câmara Municipal de Curitiba, que continha a frase "o diabo está rindo da desgraça" da "podridão do disvirtuamento [sic] sexual", entre outras condenações.

Para o governo, lembro que muitas vezes mandávamos ofícios e omitíamos o nome completo do Grupo Dignidade, que era "conscientização e emancipação homossexual". Mas, aos poucos, fomos conseguindo quebrar as barreiras, tanto as nossas quanto as dos outros e, hoje, o Grupo é respeitado em Curitiba, conhecido no Brasil e é reconhecido como sendo de Utilidade Pública Municipal, Estadual e Federal.

O pedido de reconhecimento de Utilidade Pública gerou certa polêmica, sobretudo na Câmara Municipal de Curitiba. Primeiro, foi muito difícil encontrar um vereador que aceitasse apresentar o projeto de lei. Segundo, no dia da votação, o comportamento de muitos dos vereadores faltou com o "decoro parlamentar", no sentido de que foi motivo de muita zombaria. Mesmo assim, a Utilidade Pública do Grupo Dignidade passou a ser lei.

O Dignidade logo superou a fase de ser uma novidade, de ser algo fora do comum e, hoje, somos tratados com bastante respeito. Isso faz com que a nossa luta pelos Direitos Humanos seja reforçada.

Entre 1993 e 1994, ocorreram mais de 20 assassinatos de homossexuais em Curitiba. Tivemos várias audiências com o

COMPORTAMENTO

O mundo gay rasga as fantasias

Ibope mostra a difícil convivência da maioria dos brasileiros com os homossexuais

Antonio Reis, o "Tony", de 28 anos, é um moreno alto, desinibido, falante e fenicabilho. É professor de inglês e regente no município da república de Curitiba. David Harrad, de 35 anos, é inglês de Bollingtona, vilarejo na região de Manchester, louro e alto, tem olhos azuis e é muito tímido. Formado em francês, ganha a vida como tradutor. Eles são casados de papel passado mas há dez anos vivem juntos. Usam aliança e costuram de adotar uma criança. Em casa, recebem as visitas de mães dadas e trocam declarações de amor. Como todo casal, têm o álbum de lembranças. Tudo começou no dia 29 de março de 1990, numa estação do metrô de Londres. Um flash na memória de Tony: "David estava lindo, vestido como um executivo. Notei que ele também olhou para mim e me aproximei. Disse hello e aguentei, num inglês ruim, se os britânicos os conheciam na fresse e acompanhou até em casa. Conversamos duas horas e eu o convidei para voltar em uma semana. Ele era o meu companheiro a namorar".

Não fosse pela disposição de assumir publicamente sua vida conjugal, num misto salvado pelo segredo e pelo preconceito, a história de Tony e David poderia ser considerada um caso típico dos milhões de casais pelos homossexuais no país. Inconformando com sua própria condição, o inglês David chegou a se casar, com uma antiga colega de escola, e mantinha fletres homossexuais tolerados pela mulher. Tony tinha 4 anos de idade quando sua mãe, desconforme, levou-o a um urologista. No consultorio, foi submetido a um teste. O médico lhe mostrou algumas revistas de nus femininos e, mais tarde, de nus masculinos. Ao comparar seu interesse pelas revistas de homens despidos, o médico sugeriu à mãe que levasse o rapaz para uma terapia.

Não tive esperança de modificar sua situação. E que, dali para a frente, Tony teria de enfrentar tamanha pressão exterior que iria necessitar de apoio psicológico para suportá-la. Vinte anos depois, o drama não terminou. Recentemente, um grupo de alunas leu uma entrevista em que ele denunciava o assassinato de homossexuais e colocou uma cópia no mural da escola para intimidálo. Não tiveram sucesso. Tony foi a diretora, que fez sua defesa. Advertiu às alunas, que foram ameaçadas de expulsão. Aos 28 anos, Tony Reis é uma pessoa de sorte.

"MALDITA" — O Ibope realizou, há duas semanas, um levantamento inédito sobre a visão dos brasileiros a respeito dos homossexuais. O que se retrata, alí, é um quadro de mal-estar. A pesquisa, publicada por VEJA com exclusividade, ouviu 2 000 pessoas no país inteiro. Informa que 36% dos brasileiros não dariam emprego a uma pessoa — mesmo sabendo que é a mais qualificada profissionalmente para o cargo — se soubessem que se trata de um homossexual. Também dir que 56% se tiram caquex de se afastar de um colega na mesma condição. Segundo o Ibope, 45% seriam capazes de mudar de médico por esse motivo (veja quadro ao lado).

Por sua metodologia, os números do Ibope funcionam como um termômetro do humor dos grandes camadas da população. E como pensam os cidadãos mais cultos e bem informados? Uma boa amostra foi obtida pelo médico argentino radicado em São Paulo Arnaldo Domínguez, geriatra e especialista em sexualidade. Em 1991 Domínguez distribuiu 200 questionários para clínicos e psicólogos e outros 600 para homossexuais. O que ele apurou: 30% dos médicos consideram a homossexualidade condenável, 70% classificam a bissexualidade como uma anormalidade e 50% admitem que se considera despreparados para tratar do assunto quando recebem um cliente homossexual em seu consultório. "Fica claro que, apesar de todas as mudanças, a homossexualidade continua maldita", afirma Domínguez.

SURRA DO PAI — Conforme as estatísticas do Grupo Gay da Bahia, o mais ativo do país, podem ser contabilizadas 1 200 mortes violentas de homossexuais nos últimos doze anos. A maioria dos casos é de assassinato, com barbaridades como a de um vereador do interior de Alagoas degolado depois de assumir seu próprio homossexualismo e acusar um adversário político de pertencer a classe dos invertidos. Mas não são poucos os suicidios. Foi o que aconteceu, em março último, com o estudante Ricardo Brune e o auditor fiscal Marcelo Almeida. Marcelo tinha 30 anos, e Ricardo, 16. Os dois eram primos e o pai de Marcelo, o general Silvio Bruné, que chefiou o extinto SNI na Bahia, negou que tivessem um caso amoroso. Antes de se matarem, no entanto, os dois deixaram um bilhete e ligaram para a polícia baiana avisando o que viram fazer. "Nos matamos pelas pressões de nossos familiares", escreveram.

Não é de admirar, portanto, que a maioria absoluta dos homossexuais prefira manter sua condição em segredo — entre os 600 ouvidos pelo médico Arnaldo Domínguez, 80% admitiram que jamais tratavam do assunto sequer com suas famílias. "Um homossexual que esconda sua condição tem, em geral, mais chances que uma mulher ou um negro de conseguir um emprego disputado", afirma um executivo da área de recursos humanos. "Caso se revele, no entanto, é quase sempre certo que irá para o último lugar da fila." Nelson Silva, assessor da diretoria do Sindicato dos Bancários de São Paulo (de 135 000 na cidade), tenta há dez anos organizar um grupo de homossexuais (é existem de negros e de mulheres) e não consegue. "Ninguém quer tomar pública sua condição. Se for empregado do Banco do Brasil, por exemplo, que é gay, não

David (à esq.) e Tony: encontro em Londres, vida doméstica em Curitiba, preconceito no trabalho

Metade dos brasileiros não aceita médico nem político gay

O Ibope entrevistou 2 000 homens e mulheres de todas as regiões do país e das mais diversas classes sociais. O resultado da pesquisa:

50% já admitem que convivem com homossexuais em sua vida cotidiana — local de trabalho, bairro e clubes que frequentam

56% mudariam sua conduta com ele e o homossexual. Um em cada cinco se afastaria

36% deixariam de contratar um homossexual para um cargo em sua empresa, mesmo que ele fosse o mais qualificado

45% trocariam de médico se descobrissem que ele é gay. O mesmo aconteceria com o dentista, que vive junto há muito tempo, não deve adotar uma criança

47% dos entrevistados mudariam seu voto caso fosse revelado que o seu candidato a uma eleição é homossexual

56% dos entrevistados não concordam que um candidato homossexual seja eleito para a Presidência da República

51% acham que se nasce homossexual. Um quinto dos entrevistados acredita que o tipo de educação recebida pela pessoa é que determina a homossexualidade

58% acham que um casal de homossexuais, mesmo quando vive junto há muito tempo, não deve adotar uma criança

44% acreditam que os homossexuais provocaram o aparecimento da Aids. Dois terços dos entrevistados com nível universitário discordam

61% acreditam que os homossexuais são responsáveis pela disseminação da Aids pelo mundo. Esse raciocínio é mais forte nas pequenas cidades

79% ficariam tristes se tivessem um filho homossexual. 8% seriam capazes de cacetá-lo

Matéria da Veja, de 1993

Reunião do Grupo Dignidade, por volta de 1996

secretário de Segurança Pública, para pressionar a fim de que houvesse investigação e solução dos casos. Nesse processo, houve uma mudança de secretário e tivemos uma audiência com o novo secretário. Àquela época, a polícia realizava *blitz* contra as travestis de programa. Chegamos ao gabinete e ele falou:

— Vocês homossexuais ficam na esquina e fazem o maior escândalo. É uma vergonha. — Bateu com a mão na mesa, de modo que tudo que estava sobre ela soltou no ar. — E você, professor, formado na UFPR, como é que pode?

Vale lembrar que o objetivo da audiência era solicitar providências em relação aos assassinatos. Felizmente, tamanha insensibilidade e desinformação não tem sido uma constante nas nossas relações com o governo, que, por sinal, avançaram muito nos quase 30 anos que se passaram desde então.

Desde sua fundação, o Grupo Dignidade atuava incentivando a formação de outros grupos afins. No carnaval de 1993, fomos até Florianópolis e ajudamos a falecida travesti Cló na fundação da ADEH, cuja denominação na época era Associação em Defesa dos Direitos Homossexuais. Ajudamos a formar um grupo em Paranaguá (Cidadania Plena) e outros grupos em Curitiba. Articulamos reuniões da Região Sul em Porto Alegre e Florianópolis com o objetivo de formar uma organização regional. Participamos do VI Encontro Brasileiro de Homossexuais, no Rio de Janeiro, de 29 a 31 de maio de 1992.

Com menos de um ano de existência, o Grupo Dignidade também se aliou à luta contra a Aids. Àquela época, no início dos anos 1990, a Aids era uma doença que afetava sobremaneira os gays e nos sentíamos na obrigação de tentar trazer alguma resposta para nossa comunidade em termos de prevenção. Além de gays, logo estávamos trabalhando com prostitutas, em escolas e com meninos de rua. Havia uma demanda enorme. Mesmo assim, nunca perdemos o foco da luta pelos Direitos Humanos, até porque a prevenção à Aids e os Direitos Humanos estão estreitamente ligados.

No primeiro estatuto do Grupo Dignidade, já constava como objetivo colaborar com a organização dos grupos LGBTI+ do país em uma "confederação". A partir de 1993, esse objetivo se tornou novamente parte da pauta das discussões do movimento LGBTI+ nacionalmente.

A Plenária Final do VII Encontro Brasileiro de Lésbicas e Homossexuais, realizado no Instituto Cajamar (São Paulo), entre 4 e 7 de setembro de 1993, propôs a "criação de um organismo, de caráter nacional, para o encaminhamento não só das bandeiras de luta do MBGL[4], Saúde e Violência, como também das necessidades infraestruturais dos grupos de norte a sul". O nome proposto para o organismo era "Comissão (Rede/Associação) Brasileira de Direitos Humanos para Gays e Lésbicas".

No decorrer do ano de 1994 foram executadas tarefas, como a realização de uma reunião ampliada de estruturação da comissão/associação em Curitiba nos dias 30 e 31 de julho daquele ano, com a subsequente elaboração da proposta de estatuto pelo Grupo Dignidade e da proposta de carta de princípios pelo Grupo Arco-Íris, ainda no mesmo ano.

A fundação da organização, que foi batizada com o nome "Associação Brasileira de Gays, Lésbicas e Travestis – ABGLT", ocorreu em 31 de janeiro de 1995, durante o VIII Encontro Brasileiro de Gays e Lésbicas (EBGL), na cidade de Curitiba. A associação teve 31 grupos fundadores, sendo a maioria das organizações LGBTI+ existentes na época.

Toni foi um dos primeiros secretários-gerais da ABGLT e ocupou o cargo por dois mandatos consecutivos. Passou a ser presidente novamente no final de 2006 e teve mais dois mandatos consecutivos, terminando no final de 2012. Foi secretário de educação da ABGLT até 2016.

Embora hoje haja diversas redes LGBTI+ nacionais, a formação da ABGLT em 1995 representou um marco importante na história do movimento LGBTI+ brasileiro, porque possibilitou a criação da primeira instância de abrangência nacional de representação com capacidade e legitimidade para levar as reivindicações do segmento até o governo federal, o que até então havia sido impossível.

---

[4] MBGL – Movimento Brasileiro de Gays e Lésbicas.

Reunião de estruturação do que se tornaria a ABGLT, Curitiba, 1994

Antes não existia diálogo entre o movimento LGBTI+ e o governo federal, com a única exceção do Programa Nacional de DST e Aids do Ministério da Saúde, que assumiu um papel pioneiro de parceria com o movimento. Levou mais de uma década para a maioria dos demais órgãos do governo chegar ao mesmo patamar.

Assim, havia uma quase total ausência de políticas públicas para a população LGBTI+. A criação da ABGLT foi uma estratégia que, ao mesmo tempo, ajudou o movimento LGBTI+ a se organizar no país e também deu uma voz a um segmento da sociedade tradicionalmente marginalizado, contribuindo, assim, para a promoção de seus Direitos Humanos.

Outra estratégia importante do movimento no Brasil foi a decisão de realizar Paradas do Orgulho LGBTI+, a partir da passeata ocorrida durante o IX Encontro Brasileiro de Gays, Lésbicas e Travestis, realizado entre 20 e 26 de fevereiro de 1997, em São Paulo.

Houve passeatas anteriores a esta. Em 24 de janeiro de 1993, ocorreu uma passeata com cerca de 100 pessoas na orla de Copacabana. Em 1995, houve passeata após a VIII EBGL em Curitiba e após a XVII Conferência Mundial da ILGA[5] no Rio de Janeiro, além de uma manifestação na Praça Roosevelt em São Paulo, em 1996, entre outras.

No entanto, o ano de 1997 marcou o início de uma estratégia planejada. Além da 1ª Parada LGBTI+ de São Paulo, em 28 de junho de 1997, também foram realizadas paradas em outras capitais.

Em Curitiba, realizamos a "1ª Parada Gay Paranaense" no dia 28 de junho de 1997. Iniciando com pouca participação, as paradas cresceram e se transformaram em eventos de visibilidade massiva em todo o país, um momento de reivindicação política, porém com características peculiares à população LGBTI+: uma manifestação "alegre". A visibilidade proporcionada pelas paradas, junto ao crescimento do movimento LGBTI+ organizado, sem dúvida impulsionou os avanços ocorridos

---

[5] ILGA – International Lesbian, Gay, Bisexual, Trans and Intersex Association.

em relação à cidadania das pessoas LGBTI+ a partir do final dos anos 1990.

Não é o caso de citar todos os avanços aqui, apenas consideramos importante registrar alguns dos principais.

Em 1999, o Conselho Federal de Psicologia aprovou a Resolução n.º 01/1999, que entre suas disposições estabelece:

> *Art. 1º - Os psicólogos atuarão segundo os princípios éticos da profissão notadamente aqueles que disciplinam a não discriminação e a promoção e bem-estar das pessoas e da humanidade.*
>
> *Parágrafo único - Os psicólogos não colaborarão com eventos e serviços que proponham tratamento e cura das homossexualidades.*
>
> *Art. 4º - Os psicólogos não se pronunciarão, nem participarão de pronunciamentos públicos, nos meios de comunicação de massa, de modo a reforçar os preconceitos sociais existentes em relação aos homossexuais como portadores de qualquer desordem psíquica.*

Essa resolução foi de extrema importância para impedir as tentativas de alguns/algumas psicólogos(as) e organizações de realizar a "cura" da homossexualidade. O posicionamento do Conselho não foi sem fundamento. Em 17 de maio de 1990, a 43ª Assembleia Mundial da Saúde adotou, por meio da sua Resolução WHA43.24, a 10ª Revisão da Lista da Classificação Internacional de Doenças (CID-10), sendo que nessa versão da CID a homossexualidade não está mais incluída como categoria. A nova classificação entrou em vigor entre os países-membro das Nações Unidas a partir de 1º de janeiro de 1993 e continua em vigor até hoje. Logo, se a homossexualidade não é doença, não deve ser objeto de tentativas de "cura".

O processo de avanços com políticas públicas para a população LGBTI+, iniciado timidamente nos Programas Nacionais de Direitos Humanos I e II (de 1996 e 2002, respectivamente), começou a ser fortalecido pelo Brasil Sem Homofobia: Programa de Combate à Violência e à Discriminação contra GLTB e de Promoção da Cidadania Homossexual.

1ª Parada Gay em Curitiba, em 28 de junho de 1997

Construído em conjunto entre o governo e a sociedade civil (inclusive com representantes da ABGLT e do Grupo Dignidade) no decorrer de 2003 e lançado em 25 de maio de 2004, o Programa teve 53 ações envolvendo 18 ministérios e divididas entre as seguintes áreas: Direitos Humanos; legislação e justiça; cooperação internacional; segurança; educação; saúde; trabalho; cultura; juventude; mulheres; racismo; e homofobia.

Em 2008, convocada pelo presidente da República, foi realizada I Conferência Nacional LGBTI+, precedida de conferências estaduais nas 27 unidades da federação e mais de 100 conferências municipais e/ou regionais. O fruto desse processo todo foi o Plano Nacional de Promoção da Cidadania e Direitos Humanos de LGBTI+, com 180 ações baseadas na sistematização das 559 deliberações aprovadas na Conferência e lançado em 14 de maio de 2009.

No final do mesmo ano foi criada, dentro da estrutura da Secretaria de Direitos Humanos da Presidência da República, a Coordenação-Geral de Promoção dos Direitos de LGBTI+. Entre suas atribuições, a Coordenação-Geral deveria promover articulações interministeriais para garantir a implementação e execução do Plano Nacional LGBTI+.

2011 foi um ano de conquistas inimagináveis para a população LGBTI+ até pouco tempo atrás. No dia 5 de maio, o Supremo Tribunal Federal (STF) votou unanimemente a favor da equiparação da união estável homoafetiva à união estável entre casais heterossexuais. Nas palavras do ministro Celso de Mello, "Ninguém pode ser privado de seus direitos políticos e jurídicos por conta de sua orientação sexual".

Toni: Estive presente no STF nos dois dias do julgamento acerca do reconhecimento da união estável homoafetiva e, imediatamente após a decisão, telefonei para David para pedir a formalização da nossa união estável no cartório. David aceitou e, no dia 9 de maio de 2011, fomos um dos primeiros casais do país a celebrar a união estável oficialmente.

Já havíamos celebrado nossa união publicamente em outras ocasiões, como no início dos anos 1990 no programa de televisão da Elke Maravilha, o registro de um Termo de

Abertura da I Conferência Nacional LGBTI+ (crédito: Ricardo Stuckert)

Grupo de militantes LGBTI+ no STF com o ministro Ayres Britto, relator da ação sobre união estável homoafetiva, em março de 2011

Convivência Marital no início dos anos 2000, a participação em um casamento religioso coletivo durante a parada LGBTI+ em São Paulo, mas essa foi a primeira vez que houve de fato reconhecimento oficial, consolidado pelo STF.

Em meio às reações à decisão do STF sobre união estável homoafetiva, sobretudo as dos setores conservadores e das religiões, uma nota do bispo Primaz da Igreja Episcopal Anglicana do Brasil foi particularmente significativa para nós (quadro mais abaixo).

Em 25 de outubro de 2011, a quarta turma do Superior Tribunal de Justiça votou por quatro votos contra um a favor da conversão da união estável de um casal de mulheres lésbicas em casamento, abrindo um precedente ímpar – em 14 de maio de 2013, o Conselho Nacional de Justiça aprovou a Resolução n.º 175, que dispõe sobre a habilitação, celebração de casamento civil, ou de conversão de união estável em casamento, entre pessoas do mesmo sexo.

Por outro lado, apesar de todos os avanços, ainda permanecem desafios consideráveis. Os principais são o avanço do fundamentalismo religioso que persiste em negar e atua para barrar o exercício da igualdade de direitos pelas pessoas LGBTI+ no país, demonizando-as.

Pior ainda são as violações dos Direitos Humanos, a violência e os assassinatos. O Relatório sobre Violência Homofóbica no Brasil, ano de 2012, publicado pela Secretaria de Direitos Humanos da Presidência da República, informa que, naquele ano, houve 9.982 denúncias de violações dos Direitos Humanos de pessoas LGBTI+, um aumento de 46,6% em comparação a 2011 e representando 27,34 violações de Direitos Humanos de caráter homofóbico por dia no Brasil. Além disso, por meio do monitoramento dos meios de comunicação, o mesmo relatório registrou o assassinato de 310 pessoas LGBTI+ no país em 2012 por motivos homofóbicos. A mesma situação se repete todos os anos e é marcada, principalmente, pela impunidade.

Não obstante, quando o Grupo Dignidade foi fundado em 1992, jamais imaginávamos que tanto progresso seria alcançado em tão pouco tempo. Não que fomos os únicos responsáveis,

Brasília, 11 de maio de 2011.

Comprometidos com a Dignidade Humana

"... o que o SENHOR pede de ti: que pratiques a justiça, e ames a misericórdia, e andes humildemente com teu Deus." Miqueias 6. 8.

- Recebemos com serenidade a recente decisão unânime do STF sobre o reconhecimento jurídico das uniões estáveis de pessoas homoafetivas. Tal aprovação representa um importante avanço em nossa sociedade na busca pela superação de todas as formas de preconceito e um aperfeiçoamento no conceito de igualdade e cidadania numa sociedade marcada pela pluralidade, mas também por profundas desigualdades e discriminações;

- Nosso reconhecimento é feito com base em sólida tradição de defesa da separação entre igreja e estado (e entre religiões e estado), que não significa a sujeição de um campo ao outro, nem a substituição de um pelo outro, mas a necessária junção da autonomia institucional e legal com a liberdade de expressão e o pluralismo. Ou seja, a IEAB sente-se perfeitamente à vontade para expressar sua posição porque sua prática a recomenda e porque entende que o estado deve ser continuamente acompanhado em suas decisões, em qualquer esfera de poder, aprovando-o ou questionando-o em suas ações;

- A decisão do STF levanta sérios desafios a todos os cristãos de todas as igrejas, pois requer abertura para reconhecer que as relações homoafetivas são parte do jeito de ser da sociedade e do próprio ser humano. A partir de agora, os direitos desse grupo tornaram-se iguais aos de todas as outras pessoas. Reconhecemos que há ainda muito que fazer nesse campo, pastoral e socialmente, para afirmar a dignidade da pessoa humana e seus direitos. Sabemos que um profundo e longo debate deve acontecer na sociedade brasileira a este respeito, e a IEAB não está isenta de nele participar, com profunda seriedade e compromisso de entender as implicações do evangelho de Jesus Cristo em nosso tempo e lugar;

- Reconhecemos que tal decisão é resposta à prece que sempre fazemos em nossos ritos de Oração Matutina/Vespertina: "Ó Senhor, que nos governas... ao teu misericordioso cuidado encomendamos nossa Pátria... concede a todas as Autoridades, sabedoria e força para conhecer e praticar a tua vontade. Enche-os de amor à verdade e à justiça..." (Livro de Oração Comum, pg. 38). Assim, afirmamos nosso compromisso pastoral para com essas pessoas. Cremos que a promessa declarada no rito do batismo: "És de Cristo para sempre!" (Livro de Oração Comum pag. 169) repousa sobre todos nós e, portanto, não nos cabe decidir quem pertence ou não a Deus.

- Neste momento de mudança, reafirmamos nosso compromisso de ser uma Igreja que Acolhe e Serve, reconhecendo o sensus fidelium declarado na última CONFELIDER: defender os Direitos Humanos e o Direito à Cidadania plena. Entendemos que esse compromisso é decorrência dos votos que fazemos perante o altar em nossa confirmação: "Defenderás a justiça e a paz para todos, respeitando a dignidade de todo ser humano" (Livro de Oração Comum pg 179);

- Louvamos a Deus pelos avanços conquistados, entendendo que fazem parte da sutil e gradativa inspiração do Espírito Santo para transformar nossa sociedade. Conclamamos todos os anglicanos e as anglicanas a acolher as pessoas que nos buscam, a orar por elas e acompanhá-las pastoralmente, entendendo que a Igreja é um edifício ainda em construção e que a totalidade de sua membresia só é conhecida pelo próprio Cristo, Senhor da Igreja

- No amor inclusivo de Jesus Cristo, nosso Senhor e Rei e supremo juiz dos vivos e mortos,

Dom Maurício Andrade.
Bispo Primaz
Igreja Episcopal Anglicana do Brasil
(Disponível em: http://trindade.org/drupal/node/983)

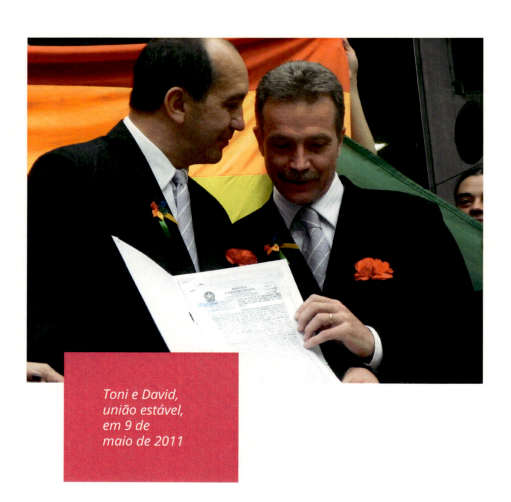

Toni e David, união estável, em 9 de maio de 2011

Toni em debate no Congresso Nacional com o pastor Malafaia

muito longe disso, mas sempre estivemos envolvidos de forma muito próxima.

Toni: Eu me recordo de três "cismas" que me marcaram durante estes mais de 30 anos de atuação na causa LGBTI+. O primeiro ocorreu em torno de dois anos após a fundação do Grupo Dignidade. Naquela época, o grupo era formado somente por lésbicas e gays – não havia nenhuma travesti ou pessoa transexual entre seus integrantes. Não se tratava de uma política de exclusão, o grupo simplesmente se constituiu daquela forma. Quando chegou o momento de discutir sobre a abertura para a participação de travestis, metade das pessoas que formavam o grupo foi contrária e, diante da decisão de abrir para travestis, afastou-se do grupo.

O segundo ocorreu por volta do ano 2000. O Grupo Dignidade recebeu financiamento do governo federal para um "Balcão de Direitos", que envolvia orientação jurídica e documentação básica para pessoas carentes, principalmente, pessoas LGBTI+. Entre as pessoas que se candidataram à função de advogado(a) daquele projeto, destacou-se uma jovem advogada, que por acaso era heterossexual. Houve uma reação contrária muito forte por parte de alguns integrantes do grupo, que achavam inconcebível que uma entidade LGBTI+ contratasse alguém que não fosse LGBTI+. Não obstante, a advogada heterossexual foi contratada e contribuiu muito para o avanço da cidadania LGBTI+ não só em Curitiba, como também no Brasil.

O terceiro aconteceu em meados do ano 2016, quando houve a eleição dos integrantes da diretoria da ABGLT. Desde sua fundação, a ABGLT sempre foi de esquerda politicamente, e foi justamente do governo de esquerda dos anos 2000 que vieram os maiores avanços nas políticas públicas para a população LGBTI+. Havia coerência nessa aproximação. No entanto, no período que precedeu as eleições da ABGLT em 2016, houve uma radicalização dentro da instituição desse partidarismo de esquerda, de modo a rechaçar quem não fazia parte do partido em questão. Mesmo sendo afiliado ao PCdoB, eu não fui eleito a qualquer cargo. Resolvi me afastar da ABGLT e formar uma nova organização pluripartidária e composta por pessoas físicas e não por organizações LGBTI+, como era o caso da ABGLT. Percebi que os tempos mudaram desde a fundação da ABGLT em 1995. Com o advento das mídias sociais, tornou-se possível ser ativista ou militante das mais diversas formas e, portanto, todas essas formas deveriam ser valorizadas, canalizadas e mobilizadas para obter um movimento forte e organizado em prol da causa LGBTI+. Assim, em novembro de 2016, foi registrado legalmente a Aliança Nacional LGBTI+. Nos cinco anos que se passaram desde então, a Aliança cresceu. Atualmente, tem mais de 2.000 pessoas físicas afiliadas. Destas, 47% são afiliadas a partidos políticos, com representação de 30 dos 33 partidos atualmente existentes no Brasil. Tem coordenações de representação em todas as 27 Unidades da Federação e também em mais de 300 municípios brasileiros. Possui 56 áreas temáticas e específicas de discussão e atuação. Forma parcerias com pessoas jurídicas interessadas em promover a cidadania LGBTI+. Dessa forma, consegue mobilizar uma resposta ampla e abrangente, envolvendo diversos atores e surtindo mais efeito em diversos campos.

A lição de vida que aprendemos é que vale a pena lutar pelos direitos, persistir e não desistir, quando esses estão sendo violados ou não estão sendo cumpridos. Sempre haverá pessoas e organizações aliadas que ajudarão no caminho.

Festa dos 25 anos do Grupo Dignidade, março de 2017

Prêmio de Direitos Humanos, 2010, conferido ao Toni na categoria Garantia dos Direitos da População LGBTI+ (crédito: Fernanda Reis Brito)

Linha do tempo de algumas conquistas LGBTI+

A título de informação, aqui está uma linha do tempo com algumas das principais conquistas rumo à efetivação da igualdade de direitos das pessoas LGBTI+.

Começamos com o marco do início do movimento moderno LGBTI+ em 28 de junho de 1968.

Vale a pena destacar também que foi só em 1990 que a Organização Mundial da Saúde deixou de considerar a homossexualidade como doença, e apenas em 2019 que retirou as pessoas trans da lista de transtornos mentais e comportamentais.

NOVA YORK – 28 de junho de 1969 – No bairro de Greenwich Village explode uma rebelião de travestis e gays denominada "Revolta de Stonewall", na qual, durante uma semana, protestaram e enfrentaram a força policial, dando início ao "Dia do Orgulho LGBTI+", popularmente conhecido como "Dia do Orgulho Gay".

BRASIL – 09 de fevereiro de 1985 – O Conselho Federal de Medicina aprova a retirada, no Brasil, da homossexualidade do código 302.0 (desvios e transtornos sexuais) da Classificação Internacional de Doenças.

1990 – A homossexualidade deixa de ser classificada como doença após anos de pesquisa e sem nada que comprovasse a sua não naturalidade. A Organização Mundial da Saúde (OMS) a insere no capítulo "Dos sintomas decorrentes de circunstâncias psicossociais".

BRASIL 1999 – Justiça do Rio Grande do Sul, em decisão pioneira, fixa competência às varas de família para julgar ações decorrentes de uniões homoafetivas, até então julgadas pelas varas cíveis, dando, assim, o passo inicial para que essas conquistassem o status de família.

BRASIL – 22 março de 1999 – O Conselho Federal de Psicologia publicou a Resolução n.º CFP 01/1999, que estabelece normas de atuação para os psicólogos em relação à questão da orientação sexual. Entre outras normas, a Resolução determina que "os psicólogos deverão contribuir, com seu conhecimento, para uma reflexão sobre o preconceito e o desaparecimento de discriminações e estigmatizações contra aqueles que apresentam comportamentos ou práticas homoeróticas [...]; os psicólogos não exercerão qualquer ação que favoreça a patologização de comportamentos ou práticas homoeróticas, nem adotarão ação coercitiva tendente a orientar homossexuais para tratamentos não solicitados".

HOLANDA – 21 de abril de 2001 – Entra em vigor, pela primeira vez na modernidade, a legislação de abertura do casamento a pares do mesmo sexo. Dentre as alterações, passa a vigorar o Código Civil em seu art. 30 "o matrimônio pode ser celebrado por duas pessoas de diferente sexo ou de mesmo sexo".

BRASIL – 2002 – A então desembargadora do Rio Grande do Sul, Maria Berenice Dias, em suas decisões, utiliza o termo homoafetividade buscando demonstrar que, como entre os casais heterossexuais, as relações homossexuais se baseiam no afeto entre duas pessoas e se trata de uma ligação muito mais forte que a atração sexual.

BRASIL – 3 de dezembro de 2003 – O Conselho Nacional de Imigração publica a Resolução Administrativa n.º 5/2003. A Resolução dispunha "sobre critérios para a concessão de visto temporário ou permanente, ou permanência definitiva, ao companheiro ou companheira, sem distinção de sexo".

BRASIL – 7 de agosto de 2006 – Lei Maria da Penha entra em vigor dispondo em seu art. 2º que, independentemente de orientação sexual, etnia, classe, toda mulher goza dos direitos fundamentais inerentes à pessoa humana. Ainda com base em seu art. 5º, percebe-se que a lei, em determinadas circunstâncias, pode, por analogia, aplicar-se a travestis e transexuais, abrangendo toda e qualquer violência doméstica independentemente da sexualidade dos integrantes da família.

BRASIL – 5 a 8 de junho de 2008 – Ocorre a 1ª Conferência Nacional GLBT em Brasília, na qual se decide utilizar a letra "L" antes da "G" na sigla do movimento. Tal ocorre pelo crescimento do movimento lésbico e como manifestação de apoio por parte da comunidade de Gays, Bissexuais, Travestis, Transexuais e Transgêneros, buscando, assim, mais visibilidade para as mulheres do movimento – que passa, então, a ser denominado LGBT. Esse rótulo, meramente político, ainda é muito debatido e por vezes é acrescido de novas terminologias como o "I", de Intersexo.

BRASIL – 5 de maio de 2011 – O STF, ao julgar a ADI 4277 e a ADPF 132, em decisão histórica, reconhece união estável para casais do mesmo sexo e cria jurisprudência inédita pressionando o Legislativo Brasileiro a quebrar seu silêncio frente às relações homoafetivas.

BRASIL – entre os dias 15 e 18 de dezembro de 2011 – Ocorre, em Brasília, a 2ª Conferência Nacional de Políticas Públicas e Direitos Humanos de LGBTTT. Como afirmou o professor e pesquisador da Universidade Federal de Goiás, Luiz Melo: "Nunca se teve tanto, mas o que se tem é praticamente nada".

BRASIL – 14 de maio de 2013 – É publicada a Resolução n.º 175 do Conselho Nacional de Justiça, que obriga os cartórios a realizarem a cerimônia de Casamento em igualdade de condições aos casais homoafetivos, com base nos princípios de liberdade, igualdade e promoção do bem de todos sem preconceitos de origem, raça, sexo, cor, idade e quaisquer outras formas de discriminação, previstos na Constituição Federal. Apesar de o judiciário brasileiro reconhecer o direito ao casamento homoafetivo em igualdade de condições, a legislação nacional expressa não sofre alterações.

BRASIL – 5 de março de 2015 – Em julgamento ao Recurso Extraordinário n.º 846.102, o Supremo Tribunal Federal, tendo como relatora a ministra Cármen Lúcia, define que a união entre casais homoafetivos pode ser definida como família nos termos da Constituição Brasileira, nos seguintes termos: "A Constituição Federal não faz a menor diferenciação entre a família formalmente constituída e aquela existente ao rés dos fatos. Como também não distingue entre a família que se forma por sujeitos heteroafetivos e a que se constitui por pessoas de inclinação homoafetiva". Além de reconhecer casais do mesmo sexo como entidades familiares, a decisão foi favorável à adoção por esses casais.

BRASIL – 1º de março de 2018 – Em julgamento da Ação Direta de Inconstitucionalidade (ADI) n.º 4275, o Supremo Tribunal Federal determinou que a retificação do registro civil, no tocante a mulheres trans, travestis e homens trans, deve se dar de modo desburocratizado – ou seja, sem demanda judicial, nos próprios cartórios, por meio de autodeclaração –, sem limite de idade (respeitando a maioridade civil e a representação dos responsáveis no caso das pessoas menores de idade), não sendo necessárias tanto a apresentação de laudos psicológicos e psiquiátricos quanto a cirurgia de readequação sexual.

BRASIL – 1º de março de 2018 – O Tribunal Superior Eleitoral determinou que, a partir das eleições de 2018, a autodeclaração de pessoas transgênero – que não se identificam com o sexo biológico, como transexuais ou travestis – será considerada na verificação do cumprimento das cotas obrigatórias de gênero dos partidos políticos e que podem concorrer nas eleições utilizando o nome social.

BRASIL – 28 de janeiro de 2018 – O Conselho Federal de Psicologia publicou a Resolução n.º CFP 01/2018, que regulamenta a forma como a categoria deve atuar no atendimento a travestis e transexuais. Devem atuar de forma a contribuir para a eliminação da transfobia – compreendida como todas as formas de preconceito, individual e institucional, contra as pessoas travestis e transexuais. Orienta, ainda, que os(as) profissionais não favoreçam qualquer ação de preconceito e nem se omitam frente à discriminação de pessoas transexuais e travestis.

BRASIL – 17 de janeiro de 2018 – por meio da Portaria n.º 33, o Ministério da Educação homologou o Parecer CNE/CP n.º 14/2017 e o Projeto de Resolução, do Conselho Nacional de Educação, que define o uso do nome social em toda a educação básica do Brasil.

BRASIL – 27 de março de 2018 – O Conselho Federal de Psicologia publicou a Resolução n.º CFP 10/2018, que dispõe sobre a inclusão do Nome Social na Carteira de Identidade Profissional da Psicóloga e do Psicólogo e dá outras providências.

2019 – em maio, a 72ª Assembleia Mundial da Saúde adotou a décima primeira revisão da Classificação Estatística Internacional de Doenças e Problemas Relacionados à Saúde (CID-11), retirando as categorias relacionadas às pessoas trans da lista de Transtornos Mentais e Comportamentais.

BRASIL – 13 de junho de 2019 – No julgamento da Ação Direta de Inconstitucionalidade por Omissão n.º 26 e do Mandado de Injunção n.º 4733, o Supremo Tribunal Federal determinou que a discriminação e a violência LGBTIfóbicas se enquadram como uma forma de racismo, puníveis como tal.

BRASIL – 8 de maio de 2020 – No julgamento da Ação Direta de Inconstitucionalidade n.º 5543, o Supremo Tribunal Federal determinou ser inconstitucional a inabilitação temporária de gays e outros homens que fazem sexo com homens para doação de sangue, conforme a Portaria n.º 158/2016 do Ministério da Saúde e a Resolução da Diretoria Colegiada (RDC) n.º 34/2014 da Agência Nacional de Vigilância Sanitária (Anvisa).

(Fonte: Manual de Educação LGBTI+. Aliança Nacional LGETI +/ GayLatino)

O ESTRANGEIRO
GAY NO BRASIL

David: No dia 7 de março de 1996, recebi uma visita muito desagradável em casa. Dois agentes da Polícia Federal vieram verificar meus documentos. Foi o final infeliz de quatro anos de neurose e inquietude.

Vim para o Brasil na condição de turista, depois de ter vivido quase dois anos com o Toni na Inglaterra. Não tive outra opção. Àquela época, o Estatuto do Estrangeiro tinha as seguintes disposições: o estrangeiro que quiser ter residência no Brasil deve ter filho ou cônjuge brasileiro; ser filho de brasileiro; ter prestado ou poder prestar serviços relevantes ao Brasil, a juízo do ministro da Justiça; recomendar-se por sua capacidade profissional, científica ou artística; ou ser proprietário no Brasil de bem imóvel ou industrial, dispondo de fundos acima de US$ 300.000,00 (valor de novembro de 1991).

Quando vim morar no Brasil, no final de novembro de 1991, nenhuma dessas opções me diziam respeito. Fazer o quê? Era o caso de ficar com a pessoa que amo ou desistir da relação por causa de um impedimento legal. Assim, não tive opção.

Depois de tudo que passei, de toda a dissimulação que vivi dentro de um casamento convencional, de toda a manutenção das aparências para aparentar ser heterossexual, depois de 32 anos de frustração e finalmente ter conseguido deixar tudo isso para trás, me assumir como homossexual e viver num relacionamento estável com outro homem, frente a tudo isso, seria inaceitável me casar de novo com uma mulher, ou ter um filho, só para cumprir uma lei injusta.

Era uma questão de princípios. Também era uma questão de igualdade de direitos e cidadania. Para um casal de homem e mulher, quando um deles era estrangeiro, não havia problema algum para o parceiro estrangeiro obter residência permanente no Brasil. Já no caso de duas pessoas do mesmo sexo, a lei não reconhecia seu relacionamento, discriminando-as. Simplesmente não permitia que o estrangeiro permanecesse no país, a não ser que conseguisse um visto temporário por meio de um contrato de emprego, dentro das condições apresentadas, ou se casasse com uma pessoa brasileira do sexo oposto, na maior "falsidade ideológica".

Durante dois anos, mantive meu visto de turista em dia, saindo do país a cada três meses e voltando imediatamente em seguida. Depois de dois anos, fui à Inglaterra em 1993 e retornei ao Brasil novamente como turista.

É difícil expressar o quanto é humilhante e o quanto se fica desestruturado sendo obrigado a viver de forma clandestina num país, em função da lei da imigração que o discrimina. Parece que você está vivendo cenas daqueles filmes sobre a perseguição nazista. A qualquer momento, eles vão pegá-lo. Se a polícia para você e pede seus documentos, você está "frito". Ao passar a fronteira para tentar renovar o visto de turista, há sempre o medo de não poder voltar, de ser barrado, e assim ser privado da vida em conjunto com seu parceiro.

Mais tarde, fomos informados que de vez em quando há uma anistia para estrangeiros "irregulares" no país, e se eu continuasse mantendo meu visto de turista em dia, eu não estaria irregular e não poderia me beneficiar da anistia para obter o visto de permanência. Portanto, parei de renová-lo.

A partir de então, vivemos sabendo da possibilidade de eu ser autuado pela Polícia Federal, ainda mais em função da cobertura que nosso relacionamento tinha nos meios de comunicação. Mas não podíamos parar de viver a vida em função do medo. Corremos o risco e finalmente pagamos o preço.

Não sei se o leitor pode imaginar meu constrangimento. Imagine que um dia, depois de seis anos de casamento, você está em casa com seu companheiro ou companheira. De repente, a Polícia Federal bate em sua porta e você é notificado a deixar o país em oito dias.

Qual é o casal de homem e mulher em qualquer país do mundo que admitiria que o Estado interferisse em sua vida particular de forma tão bruta e cruel?

Nenhum.

Por que duas pessoas do mesmo sexo com uma vida em conjunto recebiam tratamento discriminatório pela lei?

Perguntaram-me na Delegacia de Estrangeiros como era viver "meu lado de mulher". Bom, não sou mulher. Sou homem. Sou do sexo masculino. O Toni também é. Não queremos que um de nós seja a "mulher" e o outro o "homem". Somos dois homens que se sentem bem com nosso sexo masculino. Não queremos ser mulheres. O que sentimos é atração afetiva e sexual por pessoas do mesmo sexo.

Isso não quer dizer que odiamos as mulheres, muito pelo contrário, temos ótimas amigas mulheres. Mas se um rapaz e uma moça muito bonitos fossem colocados na nossa frente e nos perguntassem qual nos atrairia, iríamos responder que é o rapaz.

Também não significa que queremos "atacar" o primeiro homem que passa na nossa frente, da mesma forma que um homem heterossexual não vai dar em cima de cada mulher que encontra. Isso seria assédio sexual.

No dia em que a Polícia Federal bateu em casa, levaram-me à Delegacia de Estrangeiros. Os dois agentes me trataram com muito respeito e não fui levado à força, por se tratar de uma infração administrativa. Fiquei lá quase o dia inteiro, esperando para assinar o auto de infração.

Toni ficou desesperado de preocupação. Quando soube, estava dando um curso de sensibilização sobre Aids para 90 mulheres, como atividade comemorativa do Dia Internacional da Mulher. Interrompeu o curso e foi correndo para a delegacia.

Depois de eu ter sido liberado, procuramos a Ordem dos Advogados do Brasil que nos indicou um advogado especialista em direito internacional. Também tivemos a sorte de contar

Reportagem sobre o visto negado

com a solidariedade de vários(as) outros(as) advogados(as) que atuaram gratuitamente. Tivemos um prazo de cinco dias para recorrer. Entramos com recurso no quinto dia.

Somente na sexta-feira, dia 15 de março, às 14h, recebemos em mãos o despacho da delegada, informando que o recurso havia sido indeferido e que eu teria que sair do país até meia-noite do mesmo dia, sob pena de deportação. Portanto, saí correndo para pegar um avião e passar a fronteira a tempo. Também paguei uma multa de R$ 644,55, referente a cada dia que fiquei ilegalmente no Brasil.

Fui para Puerto Iguazú, na Argentina, na fronteira com o Brasil, perto de Foz do Iguaçu. Voltei no dia seguinte. No posto de imigração na fronteira, o agente da Polícia Federal me deu um visto de apenas 30 dias, em função de eu ter ficado tanto tempo irregular, conforme estava carimbado no meu passaporte.

Recorremos novamente, dessa vez à próxima instância, a Superintendência da Polícia Federal no Paraná, solicitando que fosse concedida a minha permanência no país, com base na minha relação com Toni e na omissão da lei no caso dos casais do mesmo sexo. Novamente, o recurso foi indeferido.

A última instância, o então ministro da Justiça, Nelson Jobim, também negou qualquer possibilidade de conceder minha permanência, baseada na relação existente entre mim e Toni, usando como argumento o fato de a legislação brasileira não reconhecer a união entre pessoas do mesmo sexo, e de ainda essas pessoas terem que ser casadas legalmente uma com a outra para poderem ser contempladas pelo Estatuto do Estrangeiro.

Felizmente, um mês depois, quando fui à Delegacia de Estrangeiros pedir a prorrogação do visto de turista, fui atendido pelo chefe da seção que foi muito atencioso comigo pelo fato de ter acompanhado o caso desde o início e por entender a dificuldade da minha situação.

Não se pode dizer a mesma coisa do senhor Antônio, da mesma seção da delegacia, que não gostou nada:

— A bicha é um falso turista. Por que prorrogar o visto? Será que acha que aqui a casa da Mãe Joana? Tem que botar para fora do país.

O mesmo funcionário havia se recusado por duas vezes a receber e protocolar o primeiro recurso contra a notificação de sair do país, um mês antes, lendo em voz alta e em tom de desprezo a justificativa da existência da união estável entre mim e Toni. Será que teria ousado fazer a mesma coisa com um casal heterossexual? Será que nessa situação os demais funcionários achariam tanta graça?

Enquanto isso, procurávamos todos os meios possíveis para conseguir um contrato de emprego, já que agora eu falava e escrevia fluentemente o português, além de estar há vários anos colaborando com o desenvolvimento de trabalhos de prevenção de Aids em Curitiba, o que talvez pudesse me qualificar em termos das exigências do Estatuto do Estrangeiro.

Finalmente, no dia 15 de maio de 1996, dia em que venceu pela última vez o visto de turista, e eu estava sem muitas chances de poder sair do Brasil e voltar mais uma vez como turista, a deputada Marta Suplicy, o deputado Fernando Gabeira e mais dois deputados federais conseguiram articular junto a vários ministérios a formalização do trabalho voluntário de prevenção à Aids que eu já vinha fazendo no Grupo Dignidade, de modo que foi possível a minha contratação e a subsequente emissão de um visto temporário com duração de dois anos.

Fiquei muito, mas muito emocionado mesmo, com todo o apoio que recebemos em relação ao acontecimento. Recebemos muitas cartas e fax de solidariedade, inclusive um ofício da Comissão de Direitos Humanos da Câmara dos Deputados. As pessoas do Grupo Dignidade foram duas vezes, de espontânea vontade, às ruas coletar assinaturas para um abaixo-assinado solicitando minha permanência no Brasil. Contamos com o apoio voluntário de advogados(as). A mídia deu a maior força, até o Fantástico noticiou nosso caso duas vezes. Foram tantos os gestos de solidariedade! Mais de 30 mulheres se propuseram a casar comigo, para que eu pudesse me enquadrar nas exigências da lei.

A pessoa que mais se destacou em termos de solidariedade foi a mãe do Toni, dona Maria, uma senhora viúva, então com 65 anos. Depois de assistir ao nosso dilema no Fantástico, ela telefonou de Quedas do Iguaçu no dia seguinte e se propôs a casar comigo para que eu pudesse ficar no Brasil ao lado do seu filho. Ainda se expôs na mídia para dar aquilo que pode ser considerado uma lição de vida para todos os pais de pessoas LGBTI+ no Brasil.

Tanto a dona Maria quanto o Toni e eu achamos necessário expor publicamente nosso caso, para registrar a desigualdade dispensada aos casais do mesmo sexo, que não são poucos. Há uma estimativa cientificamente documentada de que mais de 10% da população é homossexual, isto é, quer dizer homens que gostam de homens e mulheres que gostam de mulheres. Na época, 10% da população seria equivalente a mais de 15 milhões de pessoas.

Mas a saga do meu visto não terminou ali. De 1996 a 2005 tive uma série de vistos temporários, cada um com dois anos de duração. Sempre com aquela insegurança de que talvez não fosse autorizada a renovação. A cada dois anos tive que sair do país anos para receber o novo visto. Gastei bastante com passagens e hospedagem nessa empreitada. Em 2003, quando fui renovar o visto novamente, soube que seria pela última vez e quando vencesse não iria ser mais possível renová-lo.

Assim, com a ajuda de uma amiga advogada, acionamos o recém-criado Conselho Nacional de Combate à Discriminação, denunciando que estávamos sendo discriminados enquanto casal e que não estávamos sendo tratados com a igualdade que a Constituição Federal garante.

O desfecho foi a publicação pelo Conselho Nacional de Imigração da Resolução Administrativa n.º 5, de 3 de dezembro de 2003. A Resolução dispunha "sobre critérios para a concessão de visto temporário ou permanente, ou permanência definitiva, ao companheiro ou companheira, sem distinção de sexo".

Finalmente, o Estado reconheceu o direito dos casais binacionais do mesmo sexo e pude dar entrada no pedido de visto permanente com base na relação estável com o Toni. Demorou, mas em 2005, finalmente, recebi o visto permanente, 14 anos depois de vir morar no Brasil. Uma luta e uma vitória!

O FUNCIONAMENTO DA RELAÇÃO

Quem é quem nessa história?

Sempre nos fazem a pergunta: Quem é a mulher, quem é o homem? Quem é passivo e quem é ativo? Quem cuida da casa e quem é o macho?

As minhas sobrinhas, que ainda eram crianças pequenas quando conheceram o David, levantaram a mesma questão. Uma delas disse:

— Eu acho que é o tio Toni, porque rebola mais.

Todo mundo quer saber isso, pela falta de parâmetros e de modelos, que não estejam estereotipados. Na nossa relação, a questão de ser "homem" ou "mulher" não entra, porque os dois se sentem homens, se sentem masculinos.

A insistência de determinadas pessoas em acharem que tem que existir homem/mulher, macho/fêmea, ativo/passivo e assim por diante vem de uma noção binária e heteronormativa sobre a ordem das relações, em que o conceito de gênero diz respeito ao conjunto das representações sociais e culturais construídas a partir da diferença biológica dos sexos. No entanto, a sexualidade de cada pessoa é diferente e não são apenas os atributos biológicos que regem como a sexualidade é exercida. Parafraseando o cineasta Derek Jarman, a sexualidade é tão ampla quanto um oceano, não podemos fazer dela um aquário.

Em geral, os casais de gays ou de lésbicas baseiam seus relacionamentos no modelo do "melhor amigo", o que tende a proporcionar a possibilidade de igualdade na relação. Pode ser que, mesmo assim, haja disputas pelo poder dentro da relação, mas são significativamente reduzidas. Aí é que existe uma diferença bastante concreta, em comparação com um casamento heterossexual, no qual muitas vezes a mulher fica subordinada ao homem.

Na esfera do sexo, acreditamos que o que vale é a variedade e a criatividade. Não importa quem assume qual papel na cama. O essencial é manter a atração sexual acesa. Aliás, com o amadurecimento da relação e dos próprios parceiros, o sexo está longe de ser o fator que mantém o casal unido. Há questões emocionais, culturais e interpessoais que são igualmente importantes nesse aspecto. No que diz respeito à vida como um todo, existe uma troca. Um cuida mais da questão financeira, outro planeja mais. Agimos conforme nossas capacidades. Cada um se beneficia das qualidades do outro e, por consequência, os dois crescem.

Contudo, no que diz respeito às tarefas de casa, tivemos que encontrar uma forma de superar as incompatibilidades.

David: Na casa dos meus pais, todos os filhos, tanto os meninos quanto as meninas, foram educados para ajudar nas tarefas domésticas, para não sobrecarregar a mãe. Assim, aprendemos a cozinhar, limpar e lavar, e não ficar esperando que alguém fizesse isso para nós. Então, tive essa educação e ajo assim em casa, ainda hoje. Portanto, causa-me certa irritação se não há reciprocidade. Acredito que as tarefas devem ser compartilhadas.

Toni: A cultura brasileira, pelo menos na minha experiência, não me preparou para assumir as tarefas de casa. O homem, na maioria dos casos, não é incentivado a ajudar em casa. Isso criava problemas para mim e David e, para resolver a situação, durante muitos anos, tivemos uma diarista ou empregada para nos ajudar. Somente quando a querida Romy se aposentou em 2016, depois de 15 anos trabalhando conosco, é que deixamos de contar com essa ajuda. Como naquela época já estávamos com os três filhos morando conosco, dividimos as tarefas do cuidar da casa entre nós cinco. Agora até eu varro e passo pano!

Tentamos sempre alimentar a relação, mantendo o romantismo. Às vezes, basta um gesto de carinho: uma flor, um pre-

Celebrando 25 anos de casados, com os filhos e a filha

sente, um cartão ou um jantar fora para comemorar alguma data especial. Para nós, isso alimenta o sentido de pertencer um ao outro e de dar valor à relação. Comemoramos o aniversário da data em que nós nos conhecemos, para valorizar a relação. Quando completamos 25 anos juntos, celebramos em um restaurante com nossos três filhos, amigos e amigas. Renovamos os votos e colocamos novamente as alianças. Nós pretendíamos fazer a mesma coisa para os 30 anos juntos, mas a pandemia da COVID-19 não permitiu. Então, quando completamos 31 anos juntos, ainda com a pandemia, celebramos por meio de um evento virtual que foi tão emocionante quanto a festa dos 25 anos.

Eu aprendi cedo que é muito importante estudar. É uma maneira de sempre estar se aperfeiçoando. A partir do ano 2000, comecei a estudar novamente. Fiz especialização em Sexualidade Humana e também em Dinâmica dos Grupos. Em seguida, fiz mestrado em Filosofia e depois fiz doutorado em Educação, minha tese foi sobre homofobia nas escolas. Depois, fiz um pós-doutorado em Educação, também sobre a situação de estudantes LGBTI+ no ambiente educacional. No momento de escrever a segunda versão deste livro, estou começando mais um pós-doutorado, dessa vez sobre formas de discriminação e violência contra a comunidade LGBTI+ com base no referencial teórico da cognição em Vygotsky, com identificação de possíveis soluções.

Gostamos muito de viajar juntos, sempre que possível, para conhecer lugares novos. É saudável para a relação, porque quebra a rotina do dia a dia e permite uma aproximação entre nós, estando longe das demandas do ativismo e do trabalho. De modo geral, tem sido nas férias de julho que temos tido a oportunidade de viajar para novos destinos no Brasil e no exterior. Como faz frio em Curitiba em julho, procuramos conhecer lugares mais quentes, como o Nordeste, por exemplo, para fugir do frio!

Em 2003, tivemos a oportunidade de fazer uma bela viagem na Europa. Começamos na Inglaterra, na casa dos pais do David. O pai dele alugou um carro para nós. Fizemos um passeio de três dias pelo interior do país e David me mostrou vários dos lugares do passado dele, como a cidade de Corbridge, onde ia visitar a avó, a Universidade de Hull, onde ele se formou em Letras (francês). Ajudou a entendê-lo melhor. Uma recordação dessa viagem que nunca saiu das nossas cabeças é o dia que fomos para Manchester e compramos um CD da Glória Gaynor, dos anos 70. Voltamos para casa escutando e cantando *I will survive* e outras músicas clássicas da cantora, na maior ferveção! Da Inglaterra, fomos para Kiev, na Ucrânia. Depois para Lisboa e, finalmente, para Madri.

Quando concluí o mestrado e ganhei o diploma, prometi para mim mesmo que faríamos uma viagem especial para comemorar. Para mim, o mestrado em Filosofia foi mais difícil que o doutorado em Educação. Foi uma conquista sofrida conseguir o título de mestre. Como estudei muito sobre os filósofos da Grécia Antiga, decidimos que o destino da viagem seria a Grécia. Fomos em julho de 2007. Fizemos uma escala na Inglaterra, passando um fim de semana na casa dos pais do David. Foi a última vez que vimos o pai dele vivo. Foram quase três semanas de viagem. Começamos em Atenas. Depois alugamos um carro e fomos para o interior da Grécia, parando em locais históricos, como Epidauro, Olímpia, Delfo e Meteora. Em seguida, ficamos em duas ilhas, Mykonos e Santorini. Foi uma oportunidade maravilhosa.

Agora que entraram mais três pessoas na nossa relação, nossa filha, Jéssica, e nossos filhos, Alyson e Filipe, o alicerce dos mais de 30 anos de convivência nos mantém unidos e nos dá força para acolher e conviver com eles, ao mesmo tempo que tivemos que mudar alguns aspectos da nossa vida em conjunto.

As dificuldades da relação

Toni: Dentro de nossa relação, o que sempre imperou foi o diálogo. Embora eu, como bom sentimentalista e geminiano, muitas vezes, ficasse emburrado quando fazia coisas ruins e dissesse para ele:

— Não quero falar com você!

Já o David, com a sua maneira de ser, não deixa que as brigas durem muito tempo.

Teve um fato logo no início de nossa relação. Nós estávamos na cama. Ele falou algo que me ofendeu, virei a cara e não queria mais falar com ele. Aí ele falou:

— Vamos conversar.

— Não quero.

De repente, ele levantou e deu um chute numa mesinha. Até hoje ele tem uma marca na perna.

Desde então, o diálogo é uma constante!

No início, nossas diferenças socioculturais se chocavam bastante. No entanto, isso nunca foi empecilho para o relacionamento, porque mediante o diálogo conseguíamos respeitar as diferenças de cultura.

Sempre que fico emburrado, lembro-me do chute na mesa e procuro conversar. Por mais que o problema seja sério, não deixamos de dialogar. O importante na nossa relação é a cumplicidade. Respeitamos a individualidade um do outro, reconhecendo as diferenças de cultura e pensamento. Procuramos ter uma relação e, ao mesmo tempo, manter nossa individualidade. Ele é David, britânico, com sua profissão (de tradutor) e eu sou Toni, com meu jeito brasileiro e minha cultura. Cada um tem seus gostos e fantasias. Não somos "carne da mesma carne". Procuramos manter nossa individualidade e respeitar a visão do outro.

É muito importante, no caso de uma briga, não acusar o outro "tirando coisas do baú e jogando coisas do passado". É muito importante colocar os sentimentos, parar e ouvir a outra pessoa. Fazer esse esforço é muito importante. Mesmo no cotidiano, saber ouvir é uma arte que valoriza o companheiro, evitando ressentimentos. Ajuda também a perceber como está o humor da outra pessoa. Por exemplo, se você percebe que a outra pessoa está nervosa, você deve evitar provocá-la, ainda mais porque, muito provavelmente, ela vai descontar em você.

Toni e David em Greenwich, Londres, 1990

Para superar as dificuldades da convivência num relacionamento estável entre duas pessoas do mesmo sexo, é fundamental que ambas aceitem sua homossexualidade. Muitos casos de dificuldades nos relacionamentos podem ser resumidos no exemplo a seguir.

Aconselhamos um jovem gay que queria estabelecer um relacionamento com outro. Era bonito, sociável e fazia amizades com facilidade. Na boate sempre era procurado sem ter que fazer esforço. Contudo, quando ele encontrava homens com os quais poderia ter um caso fixo, estragava o relacionamento com brigas, birras ou se distanciando. Seus relacionamentos não avançavam em função de seu comportamento. Após longas conversas, ele começou a descobrir a razão:

— Me dei conta de que depois de certo tempo, menosprezava os homens que namorava. Era um fato estranho, mas por mais que gostasse deles, me sentia superior a eles. Para mim, não eram homens de verdade. Se gostavam de mim e queriam fazer amor comigo, então não prestavam.

A análise dessas atitudes levou à descoberta:

— Não gosto da ideia de ser gay, não acredito que um relacionamento gay seja um relacionamento de verdade, porque dois gays não podem viver juntos da mesma forma como vivem um homem e uma mulher.

Ele não soube explicar a origem dessas opiniões, apenas que era isso que ele "sentia". Foi falando de sua atitude para com a sexualidade e como ele havia sido infeliz na infância a na adolescência, sentindo-se diferente e excluído da companhia dos colegas. Ele estava muito isolado e começava a se assumir como gay. Imaginava que encontraria o homem perfeito, se sentiria mais à vontade com sua orientação sexual e a partir disso as coisas melhorariam.

O problema era que ele não tinha explorado completamente seus sentimentos consigo mesmo. Ainda se via a partir da perspectiva dos rótulos impostos pela sociedade – "depravado", "anormal". Tinha tido experiências com outros gays que reforçavam esse sentimento. Muitas vezes, tinha casos com pessoas ainda mais mal resolvidas que ele em relação à homossexualidade. Essas experiências apenas reforçavam seus sentimentos negativos.

Dizia que não gostava de "bicha louca" ou de gays ativistas, que os gays que frequentam boates são superficiais e que os enrustidos são "fracos". À medida que ia falando, ele ficou chocado com o ódio que estava expressando, porque muitos dos amigos dele se enquadravam nas categorias que descrevia. Finalmente disse:

— Acho que a razão pela qual não gosto de todas essas pessoas é porque me fazem lembrar muito a mim.

O exemplo serve para mostrar que, para manter um relacionamento com outra pessoa, é necessário estar de bem consigo mesmo, inclusive com a própria sexualidade. Não adianta a pessoa achar que um relacionamento vai ser a solução dos seus problemas. O relacionamento dificilmente se desenvolverá ou será duradouro se você entrar nele com problemas dessa ordem não resolvidos.

Toni: Como para muitos brasileiros, nosso maior problema sempre tem sido manter a estabilidade financeira. Chega o final do mês e falta dinheiro. Temos que usar o limite de crédito da conta bancária e os cartões de crédito. Além disso, nossos problemas são mínimos.

David: Comparando a vida que eu levava quando era casado com uma mulher e a vida e levo hoje com um homem, eu não vejo muita diferença no convívio cotidiano. São as mesmas coisas. O trabalho. O sustento da casa. A diferença está no aspecto afetivo. Não vivo mais o conflito em relação à homossexualidade que vivia antes. Sou mais eu. No nosso caso, além do meu trabalho como tradutor, tem a militância LGBTI+ e o apoio que presto ao Toni nessa área, redigindo ofícios e projetos, ajudando na elaboração de notas oficiais, colaborando com a organização de eventos etc. Trabalhamos juntos no mesmo escritório. Como resultado, tenho pouquíssimo tempo livre, seja à noite ou nos fins de semana. Procuramos manter pelo menos parte do domingo livre para fazer atividades em família e descansar. Às vezes, a sobrecarga de trabalho cria tensões na nossa relação.

A Aids é uma constante. Não é um problema em si para nós, mas está sempre presente, sobretudo por causa dos projetos de prevenção que fazemos por meio das ONGs em que atuamos. Não se passa um dia sem que o assunto seja levantado. De certo modo, isso é até saudável, porque estamos muito conscientes dos meios de transmissão e da necessidade de se prevenir. Mesmo entre nós dois, sempre usamos camisinha. Passou a ser um hábito, a fazer parte do ato sexual. Proporciona maior segurança para a saúde e o bem-estar dos dois. Acredito que numa sociedade que convive com a epidemia da Aids, todos, héteros ou gays, devemos tomar as mesmas precauções. Não conhecemos todo o passado de nossos parceiros, por mais abertos que sejamos a respeito. Não é desconfiar, é ser realista e dar valor à vida.

Toni: Às vezes, há tensão entre nós em função do ativismo. Dedicamos muito tempo para a coletividade na luta pelos Direitos Humanos. Muitas vezes, os problemas dos outros acabam sendo mais importantes que os nossos.

Preconceito

Toni: Hoje vejo que não estou preocupado com o que "causa" a homossexualidade. O que me preocupa é o que causa tanto preconceito e discriminação. Concluí que é uma falsa questão tentar determinar uma causa da homossexualidade, porque as pessoas não explicam o que leva uma pessoa a ser heterossexual. A homossexualidade vem naturalmente, assim como a heterossexualidade. É importante mostrar como somos e o que somos. Muitas vezes, a mídia, as novelas, os filmes ou mesmo alguns estudiosos e religiões mostram os homossexuais como problemáticos, como seres de outro mundo, o que não é verdade.

Se a pessoa homossexual é problemática, a causa está na sociedade, devido à rejeição, à não aceitação e à incompreensão que esta exerce sobre aquela. Se a pessoa é agressiva, é um reflexo da agressão que ela sofreu por parte da sociedade por ser diferente. Qualquer um que passe por isso vai encontrar dificuldades em se adaptar à sociedade. Vai se tornar uma pessoa diferenciada, até estranha, aos olhos da sociedade convencional. Da mesma forma, uma pessoa gorda em um país de magros vai se sentir estranha, oprimida e vai tentar entrar na regra geral. Eis o problema, os homossexuais não têm como entrar na regra geral.

Apesar do preconceito e da discriminação da sociedade em relação aos homossexuais, levamos uma vida como qualquer casal. O preconceito e a discriminação existem em todo o mundo. Se o homossexual não conseguir se impor, acreditando no seu potencial como qualquer cidadão, sempre se sentirá um ser inferior. Primeiro, ele precisa vencer o próprio medo, para depois conscientizar a sociedade de que a homossexualidade não impede ninguém de ser produtivo, de participar do meio em que vive.

Enquanto casal, nunca fomos discriminados abertamente por outras pessoas em Curitiba, e nem em Quedas do Iguaçu, onde morava a família de Toni e que é uma cidade bastante conservadora. Claro que percebemos as pessoas comentando e se cutucando. Mas isso é até bom, porque pelo menos estão ficando mais conscientes da questão da homossexualidade. Nossos vizinhos e todos os lojistas na nossa rua sabem da nossa situação e nunca houve qualquer tipo de discriminação. Talvez seja justamente porque somos assumidos e visíveis, enquanto dois homens que vivem juntos como um casal. Aliás, muitas vezes, vestimos a mesma roupa, até para deixar claro para os outros que somos um casal. Já perguntaram se vamos cantar, porque parecemos com uma dupla sertaneja! Nas viagens com os filhos, sobretudo para o exterior, temos adotado a mesma estratégia de todos usarem a mesma camiseta, para não nos perdemos uns dos outros.

Como parte do nosso planejamento para o ano de 2014, estabelecemos que seria interessante fazer parte de um clube para poder ter acesso a atividades esportivas, sobretudo para o Alyson, que gostava muito de natação e patinação. A Sociedade Thalia, o mais antigo e um dos mais tradicionais clubes de Curitiba, estava oferecendo um pacote para sócios contribuintes, em que uma pessoa paga a mensalidade e o cônjuge e os dependentes também têm direito de utilizar a infraestrutura do clube, sem custo adicional. Preenchemos o formulário e anexamos os documentos exigidos para análise, inclusive da união estável e a certidão de nascimento do Alyson na qual constamos como seus dois pais. Estávamos preparados para uma longa batalha pelo fato de sermos um casal do mesmo sexo, mas nada disso! Em menos de meia hora recebemos um telefonema avisando que o pedido de adesão foi aceito, com David como sócio, Toni como cônjuge e Alyson como dependente! Aprendemos com isso que o preconceito nem sempre é dos outros!

Nas ocasiões em que temos sofrido discriminação, ela tem sido institucional, por exemplo, a lei da imigração e a legislação brasileira que não reconheciam a união estável entre pessoas do mesmo sexo, o próprio processo de adoção, que levou 10 anos até sair a decisão final, favorável por sinal. Essas são discriminações institucionais que ferem o princípio de igualdade estabelecida pela Constituição Federal e temos contribuído para a luta, dentro das nossas possibilidades, para acabar com elas.

Fidelidade de princípios e princípios de fidelidade

Toni: A nossa união está calcada principalmente no fator compreensão. Estamos juntos porque um tem carinho para o outro e jamais pensamos no amanhã com insegurança. Dentro disso, podemos afirmar também que em relação à fidelidade existe um código de princípios do qual está banida a palavra possessividade.

As dificuldades na relação, especialmente no início, vinham muitas vezes da falta de parâmetros. Não temos um modelo preestabelecido a seguir. Nós mesmos temos que construir os parâmetros no dia a dia. O que mantém a relação é a admiração mútua. Eu sinto no David uma pessoa em quem posso confiar. Ele é meu irmão, meu amigo.

Uma das coisas que sempre cobram de um casal é o cumprimento do "convencional". Quando eu era criança, minha mãe sempre falava:

— Meu filho, você vai ter que brincar de carrinho, usar calça comprida, cabelo curto, não pode usar brinco e tem que ser assim e assado...

Também ficou implícito que eu teria que namorar bastante e ter mais que uma namorada. Isso meus irmãos referendavam e na escola também se falava. Também vi nos filmes que os homens têm que namorar bastante. Criei-me nessa cultura.

David: Fui criado num ambiente bastante convencional e heteronormativo. Na minha escola primária, que era bastante simples, só me lembro de uma menina que não tinha os dois pais, e isso porque faleceram. Não tinha mães solteiras ou casais "alternativos", não se falava sobre homossexualidade. Aliás, a homossexualidade só veio a ser descriminalizada em 1967 na Inglaterra, quando eu tinha 9 anos, então isso criou um contexto da homossexualidade como algo proibido, até de se falar a respeito. Na infância, eu não sabia que existia, nem imaginava que existisse. Meu referencial era meus pais, que começaram a namorar aos 16 anos e se casaram aos 21. Então, para mim, 21 anos era o marco. Eu achava que na minha vida seria igual. Eu iria conhecer uma mulher, me apaixonar e casar cedo. Meus referenciais eram esses.

Toni: Na minha família era a mesma fala. A minha mãe foi apresentada ao meu pai. Ela nunca namorou. Ela tinha que ficar "bombeando" pelo buraco da fechadura para ver como meu pai era. A primeira vez que ficaram de mãos dadas foi na igreja no dia do casamento. Então, a regra era: homem com mulher, numa relação monogâmica, dentro daquela fidelidade tradicional.

Nesse sentido, eu e David tivemos que construir nossos próprios conceitos sobre fidelidade. A individualidade de cada um é importante para nós. Reconhecemos que é raro uma pessoa satisfazer completamente a outra em todos os aspectos... Assim, devemos dar liberdade ao outro e não ficar barrando suas ações. Com isso, estabelecemos o que chamamos de "fidelidade de princípios" e não o princípio de fidelidade convencional.

Por exemplo, hoje, não admitiríamos que um dos dois tivesse um amante ou uma relação paralela.

Aprendemos a não ser hipócritas um com o outro, enfrentar as situações e não reprimir os desejos. Já fomos tão reprimidos na infância e na adolescência que queremos viver a vida sem hipocrisia e abertamente. Isso faz com que a confiança e o amor sejam a base da nossa relação. Às vezes, pode até haver algum tipo de insegurança ou ciúmes. Mas isso é normal, é humano. Quando isso acontece, conversamos, sem cobrança, procurando nos entender e chegar a acordos, respeitando as culturas e os parâmetros em que cada um foi criado.

David: Quando me casei com Amanda, imaginava que teria um casamento fiel, nos moldes tradicionais. Quando, finalmente, aconteceu uma relação homossexual, comecei a viver duas vidas. Uma vida de casado e outra vida, escondida, de homossexual. Então, de certo modo, eu já estava rompendo com o comportamento tradicionalmente esperado de um homem casado. Só que eu não divulgava isso para ninguém, estava sempre escondido. Assim, vejo agora que eu estava sendo muito hipócrita.

Quando fui morar com Toni, nós conversamos muito sobre a fidelidade. A partir da experiência que eu tinha tido, ficou evidente para mim que era melhor sermos honestos do que fazer de conta que não pode acontecer uma "pegação" e, assim, nos enganarmos um ao outro. É preciso muita coragem para ter um relacionamento honesto a esse respeito. Para mim, é melhor reconhecer que somos assim e aprender a conviver com isso abertamente.

No início, quando vim morar no Brasil, eu me sentia muito sozinho, isolado de tudo que conhecia até então, da estabilidade financeira e emocional. Além de estar numa nova relação, eu também estava numa nova situação cultural e socioeconômica. Isso me deixava inseguro. Mas, com a abertura que nós nos demos, acabamos confiando um no outro. Sabemos que se acontecer uma relação com outras pessoas, vamos poder falar sobre o assunto se necessário, com a honestidade e a confiança que se conquistam com o passar do tempo.

Toni: Nossa relação não é baseada apenas no sexo, longe disso, embora tenhamos atração um para o outro. Isso ajuda a superar qualquer insegurança.

Temos ideias e planos claros para o futuro. Nossas vidas estão muito entrelaçadas, isso nos dá segurança. Por exemplo, todo ano, desde 2001, durante as férias de fim de ano, fazemos nosso planejamento pessoal para o ano seguinte. É uma forma de parar, reviver, refazer, refletir sobre quem nós éramos, quem nós somos e quem queremos ser.

Reconhecemos que ninguém é perfeito e que temos uma série de defeitos com os quais aprendemos a conviver e que seriam difíceis para outra pessoa entender. A sexualidade não é o ponto fundamental da nossa relação. Uma relação casual fora do casamento pode até ajudar a dar mais valor ao nosso relacionamento.

Às vezes, é bom fazer uma lista das razões pelas quais estamos juntos: amizade, cumplicidade, ausência da solidão, ter alguém em quem confiar... As razões para ficarmos juntos sempre pesam muito mais que as razões para nos separar. São muitos prós e pouquíssimos contras. Outra forma de garantir a segurança é reconhecer que nada é eterno. Sabemos que, no dia em que terminar nosso carinho, afetividade e respeito mútuo, acaba o relacionamento. Cada um irá para seu canto e terá que entender o outro. Nosso casamento não teve aquele compromisso com a sociedade. Não solicitamos a aprovação das nossas famílias. Inclusive, muitas vezes, a sociedade, longe de incentivar a estabilidade e durabilidade de um relacionamento homossexual, parece torcer para que não dê certo.

ADOÇÃO – A FAMÍLIA CRESCEU...

O desejo de ser pai

Por volta do ano 2000, começamos a pensar na possibilidade de adotar filhos. Já estávamos juntos há 10 anos e a nossa relação estava bem consolidada. Ambos tinham tido vontade de ser pai quando eram adultos mais jovens, mas naquela conjuntura dos anos 80, parecia um sonho impossível de se realizar no Brasil: ser gay assumido e ser pai.

Já no início do novo milênio, houve uma abertura, por mais que fosse tímida, em relação ao reconhecimento das uniões estáveis entre pessoas do mesmo sexo.

Foi um processo lento de tomada de decisão, sem precipitação. Nossa principal preocupação era de que os filhos adotados pudessem sofrer discriminação por terem dois pais gays.

Lemos muito sobre o assunto, principalmente livros sobre experiências de adoção por homossexuais nos Estados Unidos e na Europa, uma vez que existia pouca literatura sobre o assunto no Brasil. Mais adiante nesse processo de aprofundamento, foi publicado um livro no Brasil[6] que nos ajudou muito.

Com base em dados científicos, compostos por uma análise de pesquisas sobre famílias homoparentais realizadas em outros países desde 1975, soubemos, por meio do referido livro, que não há diferenças na capacidade de cuidar dos filhos; não há diferenças significativas no desenvolvimento das crianças; e que o bom desenvolvimento da criança depende da qualidade da relação com os pais, não do sexo deles.

A pesquisa publicada no mesmo livro também revelou que o fato de não terem pais dos dois sexos não afeta o desenvolvimento da identidade sexual e o desenvolvimento psicológico das crianças; não causa confusão de identidade sexual; e não influencia a orientação sexual (ser homo, bi ou heterossexual) dos filhos – o percentual de filhos de famílias homoparentais que também passam a ser LGBTI+ na vida adulta é igual ao percentual entre os filhos de pais heterossexuais.

Ainda, em relação à possibilidade de discriminação, a mesma pesquisa apontou que as famílias homoparentais desenvolvem mecanismos de enfrentamento da estigmatização externa e que, igual a outros grupos minoritários, as crianças de famílias homoparentais aprendem como lidar com a discriminação.

Passamos a entender que a maioria das crianças sofre preconceito e discriminação na escola por algum motivo: é mais alta, mais baixa, mais gorda, mais magra, usa óculos... enfim, tem alguma característica que pode ser motivo de zombaria por parte das demais crianças. As crianças podem ser muito cruéis umas com as outras, até aprenderem a respeitar as diferenças.

O processo formal de adoção

Em 2005, demos entrada na Vara da Infância e Juventude de Curitiba, onde moramos, a fim de obter a habilitação para adoção conjunta, enquanto casal, assim como um casal heterossexual faria. Para evitar toda a burocracia que isso viria a causar, pela lei, cada um de nós poderia ter adotado como solteiro, sem levantar a questão de sermos um casal. Mas, para nós, havia dois fatores importantes em jogo: a igualdade de direitos garantida pela Constituição Federal e o bem-estar das crianças. Se adotássemos separadamente como solteiros e um de nós viesse a falecer, o outro não teria automaticamente o direito da guarda do filho adotado pelo falecido, prejudicando assim a segurança do filho criado conjuntamente pelos dois pais.

Foi possível dar início formalmente no processo de adoção somente em 2005, porque foi nesse ano que David finalmente recebeu a carteira de identidade de estrangeiro com direito à residência permanente no Brasil. Sem isso, não podia ir adiante com o pedido de habilitação para adoção.

Foi então que começou uma luta que durou 10 anos. Nosso caso foi o primeiro em nossa cidade e ao juiz faltavam precedentes para embasar a sua sentença. Idealmente, queríamos uma menina e um menino de aproximadamente 5 ou 6 anos de idade. Quase três anos depois, o juiz decidiu que poderíamos adotar conjuntamente, mas restringiu a idade e o sexo das crianças. Teriam que ser maiores de 10 anos e somente do sexo feminino. Depois de consultar amigos e especialistas, chegamos à conclusão de que a decisão do juiz foi discriminatória e recorremos ao Tribunal de Justiça. Na segunda instância ganhamos por unanimidade o direito de adotar conjuntamente conforme nosso pedido inicial. No entanto, um promotor do Ministério Público recorreu e levou o caso ao Supremo Tribunal Federal (STF) e ao Superior Tribunal de Justiça (STJ), alegando que casais do mesmo sexo não formam uma entidade familiar e, portanto, não poderiam adotar conjuntamente. O ministro Marco Aurélio do STF rejeitou o recurso, porque não dizia respeito à matéria em julgamento, qual seja a restrição quanto à idade e ao sexo das crianças. O ministro Sanseverino do STJ só preferiu sua decisão (favorável) em 2014, fazendo com que continuássemos sem poder adotar na nossa comarca de Curitiba nesse período todo, porque a Vara da Infância não podia proceder com nosso caso até receber uma decisão final favorável do STF. Uma demora judicial um tanto cruel, tanto para nós quanto para as crianças à espera de adoção. Mesmo assim, o promotor recorreu novamente da decisão do STJ e a decisão da ministra Carmem Lúcia do STF, a nosso favor, foi dada em março de 2015, 10 anos após o início do processo de adoção.

Mas nem tudo estava perdido. Em 5 de maio de 2011, o Supremo Tribunal Federal decidiu por unanimidade que, para os efeitos da lei, a união estável entre casais homoafetivos há de ser considerada igual à união estável entre casais heterossexuais. Essa decisão tem desdobramentos no campo da adoção também. Em junho do mesmo ano, tivemos a oportunidade e a felicidade de fazer uma palestra sobre adoção por casais homoafetivos no XVI Encontro Nacional de Apoio à Adoção em Curitiba. Lá, conhecemos uma juíza do Rio de Janeiro que estava bastante sensibilizada com o nosso caso. Passados alguns meses, recebemos um telefonema dizendo que essa juíza tinha sob seu cuidado um menino de 10 anos que talvez se daria bem conosco e nos convidou para conhecê-lo.

Conhecendo os filhos inicialmente – Alyson

Após certa hesitação, visto que o menino – Alyson – não era da idade que tínhamos imaginado (tinha 10 e não 5 anos), aceitamos e passamos dois dias com ele no Rio de Janeiro no mês de setembro de 2011. Alyson relata que quando falaram para ele na Vara da Infância que havia um casal gay que estava querendo adotar, no começo disse que não queria conhecer, muito menos ser adotado por eles. Mas com o tempo foi se acostumando com a ideia e finalmente aceitou nos conhecer.

Fomos primeiro ao Fórum no qual a psicóloga responsável pelo caso de Alyson relatou os principais pontos do seu histórico. Em seguida, fomos apresentados ao Alyson e passamos juntos uma tarde agradável. No início da noite, levamos Alyson de volta para a casa da família acolhedora com quem estava morando. Na manhã do dia seguinte, ao ir buscá-lo, tivemos uma conversa bastante demorada com a mãe e o pai acolhedores e estes deram suas opiniões sobre Alyson e a história dele.

Almoçamos no centro do Rio de Janeiro com Alyson e um casal de gays amigos nossos. No tempo em que nós, Toni e David, passamos sozinhos com Alyson durante a visita, tivemos uma ótima impressão dele e já estávamos com vontade de adotá-lo. Alyson diz que a impressão que ele tinha de gays era de pessoas nojentas e horrorosas. Com a aproximação a nós e nossos amigos, Alyson informou-nos que, inicialmente, se sentiu bem e mal ao mesmo tempo, porque nunca tinha convivido com gays. Disse que, com o tempo, foi "percebendo

Alyson, no dia do primeiro encontro, Rio de Janeiro, 13 de setembro de 2011

que são muito melhores que pensava e adorou". Para não interromper os estudos de Alyson, resolvemos que seria melhor ele vir morar conosco definitivamente em Curitiba apenas em dezembro, após o fim do ano letivo. Com o intuito de manter o contato frequente com Alyson, compramos um celular para ele. Fomos um tanto ingênuos nesse sentido, o celular serviu mais como brinquedo e, em poucos dias, ele pôs uma senha que depois não conseguiu mais desbloquear, de modo que não deu certo a ideia de ter o celular como um meio de comunicação direta entre nós. Mesmo assim, ligávamos para ele quase diariamente nesse período, por meio do celular da mãe acolhedora. Sentíamos muita saudade.

Durante o período de habilitação para adoção e subsequente espera, lemos vários livros sobre o tema e participamos de vários cursos de preparação para adoção, tanto de crianças mais novas como mais velhas, inclusive com depoimentos de pais e mães adotivos quanto às suas experiências com a adoção tardia. Como resultado, sabíamos que a adaptação poderia ser um processo marcado por algumas dificuldades, principalmente a questão de a criança querer testar os limites.

Um mês depois de conhecê-lo, Alyson veio passar uma semana conosco, para nos conhecer melhor, conhecer Curitiba, alguns amigos e conhecidos. Nessa visita, a convivência com Alyson foi muito boa na maioria dos aspectos, mas também tivemos situações de birra e frustração quando ele não podia fazer tudo do jeito que queria. Foi muito importante ter tido a oportunidade prévia de participar dos cursos para não sermos pegos de surpresa com esses comportamentos. Mesmo assim, saber lidar com ele não foi tão fácil inicialmente, talvez porque nunca tínhamos sido pais e nós também estávamos passando por isso pela primeira vez. Por sua vez, Alyson afirmou que se deu bem na visita e se sentiu feliz. Disse que foi aí que começou a gostar de nós.

Ainda, um mês mais tarde, fomos até o Rio de Janeiro para passar o final de semana com Alyson na ocasião de seu 11º aniversário. Novamente, foram três dias de encontros e desencontros nas expectativas e vontades de cada um à medida que fomos nos conhecendo melhor. A birra surgia principalmente quando Alyson queria que comprássemos tudo o que chamava a sua atenção, por exemplo, uma prancha de surfe, óculos de natação, um relógio... Nesse início da relação, dizer "não" pesava para nós, mas foi necessário, apesar da reação dele, para ir estabelecendo limites. Por outro lado, conhecemos no Alyson um menino inteligente, bem-humorado, comunicativo, encantador, carinhoso e extremamente sociável. Participamos de um evento durante essa visita e, enquanto nós dois queríamos ficar com ele, ele estava perfeitamente à vontade sozinho, conhecendo novas pessoas e conversando, de forma bastante independente e responsável. Alyson afirmou que nós já cuidávamos dele "como se fosse nosso filho, mesmo não sendo adotado ainda e apesar de não ser filho de sangue."

É preciso explicar que Alyson vivenciou uma experiência dolorosa de separação de sua família, da qual foi tirado após denúncia de maus-tratos. Afirma que passou por sete abrigos. Fugia do abrigo e voltava para casa, só para ser tirado de novo da família pelas autoridades, passando então a morar em outro abrigo e assim sucessivamente. Sua revolta era tamanha que nas audiências com a juíza ele precisava ser escoltado e segurado por policiais para que não fugisse. Nos abrigos, a maioria mantida por organizações de base religiosa, Alyson conta que sofria repressão e castigos bastante desumanos... ficar de cabeça para baixo apoiado numa parede, ficar ajoelhado em grãos de feijão, ficar sem comer à noite. Quando conhecemos Alyson, ele já estava morando há mais de um ano com a família acolhedora mencionada anteriormente, dentro de um programa de abrigamento do município do Rio de Janeiro. Apesar de ele ter criado um forte vínculo afetivo com a mãe acolhedora, lá a influência religiosa também era grande: o pai acolhedor era testemunha de Jeová. Alyson tem disposição artística e criativa, e nesses ambientes sofreu forte repressão.

No dia 19 de dezembro de 2011, fomos novamente ao Rio de Janeiro para receber a guarda provisória do Alyson, por um período de convivência de seis meses. Em todo esse processo de aproximação ao Alyson até nas formalidades legais, fomos abençoados com a solidariedade e os esforços de muitas pessoas para que tudo desse certo. Na audiência, Alyson estava bastante triste por ter que deixar a casa da família acolhedora e falou para a juíza que ir morar conosco era uma decisão bastante difícil, porque havia criado vínculos com aquela família.

Apesar dos recursos impetrados pelo promotor do Ministério Público junto ao STF e STJ contra nosso pedido de adoção, a juíza responsável pelo caso do Alyson entendeu que como os recursos não tinham efeitos suspensivos, o que estava valendo enquanto o STJ não desse sua decisão era a decisão do Tribunal de Justiça do Paraná de que poderíamos adotar em conjunto sem quaisquer restrições, além da importância do reconhecimento da união estável homoafetiva pelo Supremo Tribunal Federal e suas implicações para a adoção por casais homoafetivos.

Chegando à nossa casa, Alyson diz que às 2h30 da madrugada do primeiro dia, ele acordou, levantou-se e andou pela casa para conhecer. Diz que gostou do espaço em que passou a morar.

No mesmo dia, fomos fazer a carteira de identidade de Alyson, para que em algumas semanas ele pudesse viajar para o exterior conosco (sem a carteira de identidade, não seria possível a saída dele do Brasil). Durante a espera no Instituto de Identificação, Alyson disse: "sabiam que eu tenho nojo de homossexuais?". Mais tarde, no mesmo dia, retomamos essa conversa e falamos que ele havia nos ofendido, sobretudo porque sabia muito bem que éramos um casal gay antes de aceitar ser adotado por nós. Ele se desculpou e disse que falou aquilo devido ao que aprendeu em função das convicções religiosas dos abrigos e da família acolhedora.

Ele tinha um preconceito parecido em relação às religiões de matriz africana e à Igreja Católica. Na primeira visita de Alyson a Curitiba, em outubro de 2011, fomos almoçar um dia em um restaurante mineiro onde havia enfeites rústicos, como galinhas, panelas de barro com fumaça saindo etc. Alyson disse que não queria comer lá e queria sair o mais rápido possível por causa da "macumba". De forma semelhante, ao passar na frente da catedral, que estava com as portas abertas, ele também fez comentários depreciativos sobre a Igreja Católica.

Quase um ano depois, um dia que estávamos passando novamente na frente da catedral, por iniciativa própria, ele entrou para conhecer e saiu apenas descrevendo o que viu, dessa vez sem fazer julgamentos, mostrando o quanto conseguiu trabalhar os preconceitos que havia adquirido.

Nos cursos sobre adoção tardia que fizemos, foram vários os relatos de "regressão", isto é, quando a criança volta a ter comportamentos que seriam de crianças muito mais novas. No nosso caso isso não aconteceu muito, apenas no sentido de querer dormir junto conosco, de querer ser levado de "cacunda" (apesar da idade, do tamanho e peso), de fazer birra, chorar e até espernear, e de ter um comportamento mais infantil quando na companhia de crianças menores. Nas primeiras semanas, mexia muito nos armários e gavetas, procurando conhecer e tirando coisas que interessavam a ele. Meses depois, ele devolveu grande parte dessas coisas. O pedido de dormir junto veio logo na primeira noite em nossa casa. A solução foi permitir que dormisse em um colchão no chão no nosso quarto, mas não na mesma cama, deixando claro que era uma exceção. Durante os primeiros anos, de vez em quando, talvez uma vez a cada mês ou dois meses, ele ainda pedia para dormir em nosso quarto.

Fomos passar duas semanas de férias em Balneário Camboriú no Natal e Ano Novo daquele ano (2011). Ficamos num apartamento alugado. Alyson fez amizade com uma família no mesmo andar do prédio que tinha um filho mais novo que ele. Também, dois amigos nossos passaram parte das férias conosco, de modo que o Alyson teve várias pessoas com quem conversar e sair, além de nós dois. O tempo foi chuvoso, mas aproveitamos o máximo possível para sair e passear. Nesse período de convivência mais próxima, as dificuldades no relacionamento que surgiram eram no sentido de o Alyson desobedecer, responder de forma mal educada e ter momentos de birra acompanhados de choro. Não eram situações constantes e tivemos ótimos momentos juntos. Alyson disse que as férias foram o melhor momento que teve até então com os seus pais.

Mesmo assim, nos primeiros meses passamos por várias dificuldades no sentido de Alyson desobedecer e ficar querendo testar os limites. Foi preciso ter muita paciência e autocontrole para não "perder as estribeiras" com ele. Numa sexta-feira à noite, já depois de vários meses de convivência, chegamos a uma crise, provocada por um gesto bobo, mas que foi a gota d'água no processo do teste dos limites. Alyson queria ficar mais tarde do que combinado na aula de balé (até meia-noite) e não deixamos. Em vez de aceitar, ele ficou insistindo, fazia caras e bocas e então começou a soluçar a fim de que tivéssemos dó dele e deixássemos fazer o que queria. Seguiu-se uma discussão acalorada e prolongada que quase resultou na decisão de devolver o Alyson em função de sua persistência em desobedecer e o efeito que os desentendimentos estavam tendo na relação entre nós, Toni e David. No final, fizemos as pazes e Alyson ficou conosco.

O que não se pode fazer é ceder ao dó que se tem pelo o que a criança já passou antes de ser adotada, deixando de corrigi-la com firmeza. Os limites são essenciais para a convivência harmoniosa, não só no presente, mas também no futuro. Caso contrário, a criança poderá tomar conta. Por outro lado, não se pode esquecer tudo o que a criança passou antes de ser adotada, sobretudo no caso de uma criança mais velha. Às vezes, é preciso ter a compreensão disso e do fato de que ninguém muda seus hábitos e comportamentos da noite para o dia. A adaptação é um processo gradativo para todos os envolvidos. Também não dá para pensar que tudo vai ser um "mar de rosas" depois do período de convivência e da adoção definitiva. As dificuldades na relação podem continuar a surgir periodicamente, assim como em qualquer família.

Quando Alyson veio morar conosco, o quarto dele estava vazio. Não compramos nada com antecedência, porque queríamos que ele participasse do processo da escolha das decorações e dos móveis, para que sentisse que eram dele. Enquanto o quarto dele não ficava pronto, ele usava o quarto de hóspedes. Com o mesmo intuito de fazer com que Alyson se sentisse pertencente, criamos uma espécie de "família estendida", com madrinhas, padrinhos e vovós que nos visitavam de vez em quando, com os quais Alyson tinha contato periódico. Uma das madrinhas tem uma casa de praia e, ainda durante as férias de janeiro de 2012, tivemos a oportunidade de passar alguns dias lá. Quando o quarto do Alyson ficou pronto, fizemos uma festa de inauguração com a família estendida e amigos numa espécie de reafirmação de boas-vindas para ele em nosso meio.

Em julho de 2012, após o final do período de convivência, houve a adoção definitiva do Alyson. Somos um casal público no sentido de sempre termos achado importante dar visibilidade à questão gay e mostrar para a sociedade que não se trata de um "bicho de sete cabeças". Com Alyson, também resolvemos tornar público o fato da adoção por dois pais gays. A notícia gerou um debate acirrado no maior jornal do nosso estado, durante mais de uma semana. Valeu a pena, porque trouxe o assunto à tona e serviu para diminuir a polêmica, inclusive, o desfecho do debate foi muito mais positivo do que negativo para a adoção homoafetiva.

Com a adoção definitiva, fomos ver a documentação de Alyson. A carteira de identidade que ele fez quando veio morar conosco foi feita com seu nome anterior. Com a nova certidão de nascimento em mãos, que no item "filiação" consta que Alyson tem dois pais, fomos fazer o novo RG. A atendente, muito educada e atenciosa, não conseguiu fazer, pois não constava o nome da mãe do Alyson, necessário para o sistema. Tivemos que ir até o diretor, que depois de se certificar de toda a documentação, inclusive a sentença da adoção, autorizou. Alyson passou, então, a ter RG com seu novo nome e o nome de seus dois pais. Ao fazer o CPF, ocorreu a mesma coisa. Nos Correios não foi possível fazer o CPF porque faltava o nome da mãe. Mandaram procurar a Receita Federal, onde o atendente também não conseguiu fazer pelo mesmo motivo. Finalmente, ao que pareceu, a chefe dele venceu a burocracia e emitiu o CPF do Alyson. Descobrimos depois, quando tentamos fazer o cartão do SUS, que ela havia colocado "mãe desconhecida" para superar a burocracia... Isso já foi objeto de ação na justiça contra a Receita Federal. Mas, mesmo agora, adulto, de vez em quando, o cadastro do Alyson no CPF o impede de fazer outros cadastros pelo fato de faltar o nome da mãe.

Um ano depois de vir morar conosco, Alyson disse que "nesses últimos três meses eu já estou confiando nos meus pais, inclusive coisas íntimas, meus desejos, eu não preciso disfarçar. Eles não gostam de enrolação, de enganação e tampouco de mentira. Nosso diálogo é aberto e franco, mesmo que de vez em quando role um 'estresse básico'."

Para nós, Toni e David, foi um ano de muita aprendizagem, uma vez que estávamos sendo pais pela primeira vez. Crescemos como pessoas e ficamos muito felizes de formar uma família com Alyson. Valeu a pena a adoção tardia. Para completar nosso sonho, só faltava adotar uma filha!

Conhecendo os filhos inicialmente – Jéssica e Filipe

Passaram-se dois anos e alguns meses.

Pouco antes da Páscoa de 2014, recebemos um comunicado do serviço social da mesma Vara de onde veio Alyson, no Rio de Janeiro, convidando para conhecer Jéssica, que acabara de completar 11 anos. Tinha um porém: ela tinha um irmão, Filipe, de 8 anos, e não podia ser separada dele. Eram de uma família com quatro filhos, em que o pai morreu e cuja mãe, depois da morte dele, não encontrava condições de criá-los com o devido cuidado, de modo que não iam para a escola e, muitas vezes, ficavam soltos na comunidade sem a supervisão da mãe, razão pela qual perdeu a guarda dos filhos. Os dois filhos mais velhos fugiram do abrigo, fazendo com que Jéssica e Filipe ficassem sozinhos, o que fortaleceu muito os laços entre os dois.

Fomos os três, Toni, David e Alyson, passar cinco dias com Jéssica e Filipe durante a Páscoa. Tivemos a felicidade de poder ficar no apartamento dos nossos amigos gays que Alyson conheceu na nossa primeira visita a ele em 2011 e que, por sua vez, passaram a ser os padrinhos dele. Eles também estavam com a guarda de um menino e uma menina. Mesmo assim, num gesto muito nobre, abriram a casa deles para nós três e mais a Jéssica e o Filipe, mesmo não conhecendo e não sabendo se o processo daria certo ou não.

Era quinta-feira de Páscoa quando chegamos ao Rio e conhecemos Jéssica e Filipe no Shopping Madureira. Jéssica correu e abraçou o David. Filipe abraçou o Toni e disse "eu também quero ter uma família, pode até ser gay".

Demo-nos bem com Jéssica e Filipe de imediato. Alyson apegou-se muito rapidamente às duas crianças, em especial à Jéssica. Almoçamos e depois passeamos no shopping. Saímos do shopping, fomos ao banco, passamos em algumas lojas e retornamos ao shopping. No caminho, Toni comprou um par de brincos (bijuteria) para Jéssica. Filipe teve uma pequena birra e falou "por que você comprou para ela e não para mim?". Na hora, vimos que ele exigia tratamento igual e compramos uma "aliança" para ele (de R$ 5,00).

No final da tarde, andamos do shopping até a estação de trem de Madureira. No caminho, paramos para comprar ovos de Páscoa, quatro para os padrinhos e os dois filhos, e um ovo para cada: Alyson, Jéssica e Filipe. Pegamos o trem até a Estação Central e, de lá, um ônibus até a rodoviária para pegar nossas bagagens. Em seguida, pegamos um táxi até a casa dos padrinhos de Alyson, no bairro Rio Comprido.

Foram cinco dias superlegais, embora com alguns "incidentes". No início, Jéssica implicou com o fato de o Alyson ter trejeitos de uma pessoa gay, mas após uma conversa sensata com ela, nunca mais repetiu esse comportamento. Muito pelo contrário, hoje, ela tem amigas lésbicas, amigos gays e se dá muito bem com pessoas travestis e transexuais. Num passeio na praia, para nossa surpresa, de repente, Filipe bateu em outro menino desconhecido com que estava brincando, porque se desentenderam e, com isso, tivemos que lidar com essa situação inédita para nós, até então. Várias vezes, durante a visita, Filipe demonstrou que não estava acostumado a ter limites e não gostou quando foi chamado a atenção.

Passamos uma tarde na orla de Copacabana e nas pedras do Arpoador. No outro dia, fomos todos de ônibus para a praia de Itaipu em Niterói, e lá passamos a tarde até assistir ao pôr do sol sobre o Pão de Açúcar e a Zona Sul do Rio. No dia seguinte, fizemos um piquenique com os amigos na Quinta da Boa Vista. Estávamos em 10 pessoas. Foi uma tarde muito agradável e divertida. As crianças foram remar no lago. Depois, visitamos o Zoológico. Durante aquele dia, Filipe vinha anunciando que ele não iria embora para a mãe acolhedora no dia seguinte.

No último dia, nós, Toni e David, fomos com Jéssica e Filipe até a praça no centro de Rio Comprido. Alyson ficou brincando com os filhos dos amigos no condomínio. Levamos uma bicicleta. Na praça tem um "playground". Jéssica e Filipe ficavam brincando, vinham conversar, passeavam de bicicleta. Passamos aproximadamente duas horas bem agradáveis a sós com eles. Houve uma integração muito boa. Jéssica pediu para comprar a revista *Chiquititas* na banca da praça, mas depois pediu para Toni ler para ela, porque ela não sabia. No primeiro dia, Filipe havia falado para nosso amigo que se sentia "burro" porque também não sabia ler. Esse fato de não saberem ler, apesar da idade, mexeu muito conosco e foi naquele momento, na praça, que tivemos certeza de que a adoção de Jéssica e Filipe daria certo para todos nós.

Essa primeira visita de aproximação foi muito boa. Foi com muito choro que nos separamos de Jéssica e Filipe no final da visita. Pedimos para eles se aprontarem para que pudéssemos nos reencontrar com a mãe acolhedora às 16h, conforme havíamos combinado na quinta-feira. Os dois começaram a chorar e a gritar desesperadamente, dizendo que não iriam embora. Jéssica se trancou no banheiro. Filipe tentou fugir, por isso tivemos que trancar a porta do apartamento e esconder a chave. Ambos se recusavam a se vestir e a colocar os sapatos. E quando tentávamos tocá-los, se esperneavam. Todos tentavam convencê-los de que não havia como eles ficarem conosco, por enquanto, pois existia uma ordem judicial determinando que fossem devolvidos às 16h na segunda-feira e que se não devolvêssemos iríamos presos. Filipe disse, "prefiro ficar preso com vocês do que ir embora". Até o Alyson tentou convencê-los, dizendo que se não voltassem agora, isso prejudicaria a adoção, mas se voltassem, poderíamos voltar outra vez e ir adiante com a

No zoológico no Rio de Janeiro, durante a primeira visita para conhecer Jéssica e Filipe, abril de 2014

adoção. Sem sucesso. Filipe disse: "já passei demais dias tristes na minha vida, mas hoje é o dia mais triste da minha vida. Passei cinco dias tendo amor e carinho, e agora vocês vão embora e vão me deixar". Finalmente, Toni ligou para a mãe acolhedora, explicou o que estava acontecendo e disse que ia ter que chamar a polícia. Foi aí que Filipe se acalmou e percebeu que a coisa estava séria. Fomos os cinco (Toni, David, Alyson, Jéssica e Filipe) de taxi até a estação de metrô Irajá, onde nos encontramos com a mãe acolhedora. Fomos lanchar e em seguida nos despedimos.

Em menos de duas semanas, fomos (Toni, David e Alyson) para o Rio novamente e passamos mais seis dias juntos no feriado de 1º de maio. Dessa vez, alugamos um apartamento em Copacabana. Reencontramos, emocionados, Jéssica e Filipe no *Centro de Referência Especializado em Assistência Social (CREA) de Madureira*. E, após as formalidades da autorização da saída deles conosco, fomos para o escritório da advogada Dr.ª Silvana, no centro do Rio, para entregar documentos para compor a petição inicial da adoção de Jéssica e Filipe. Almoçamos por lá e, em seguida, fomos para Copacabana.

Chegando ao apartamento foram estabelecidas algumas regras de convivência a fim de não haver "estresse" e evitar as poucas situações problemáticas que ocorreram na primeira visita. Passamos o final da tarde na praia de Copacabana na divisa com o Leme. Ficamos lá até o pôr do sol. Passamos os próximos quatro dias na praia de Ipanema.

Na sexta-feira à noite, fomos jantar na casa dos nossos amigos em Rio Comprido. Fomos de ônibus. Houve um engarrafamento na Lagoa e Filipe dormiu no colo do David. Depois do jantar, houve apresentações das cinco crianças: Alyson, Jéssica, Filipe e os dois filhos dos amigos. Retornamos para casa por volta da meia-noite. No sábado à noite, recebemos visita dos nossos amigos e dos filhos deles. Assamos pizza. Depois disso, fomos todos até a beira do mar e nos sentamos na areia para fazer um luau com o que sobrou do vinho e do refrigerante do jantar. Ao voltar da praia, Alyson, Jéssica e Filipe subiram para o apartamento (já era meia-noite). Os demais ficaram sentados em frente ao prédio, conversando. Por volta de 1h30, nossos amigos e seus filhos foram embora. Quando subimos e entramos no apartamento, Alyson, Jéssica e Filipe estavam dormindo agarrados um no outro.

Na última noite, fizemos uma avaliação positiva dos dias passados juntos. Percebemos que Jéssica e Filipe foram muito carinhosos e tinham iniciativa para ajudar com as tarefas de casa, muitas vezes, sem que fosse necessário pedir. Trataram-nos como seus pais (no falado e nas ações) e foram bastante obedientes. Entramos numa rotina nesses cinco dias que acabou sendo muito tranquila. Houve pouco "teste de limites" por parte de Jéssica e Filipe e houve bastante integração. Em determinados momentos, houve dificuldades com algumas atitudes do Alyson, no sentido de querer mandar em Jéssica e Filipe, em vez de ter uma abordagem mais suave com eles. Por outro lado, Alyson também se mostrou bastante responsável em várias ocasiões na sua atuação como irmão mais velho. Percebemos que tanto Jéssica como Filipe estavam se esforçando para aprender a ler e, em vários momentos, liam palavras ou pediam para lermos o que estava escrito, além disso, perguntavam sobre a pronúncia das palavras. Todos falaram que gostariam que a adoção de Jéssica e Filipe ocorresse.

No último dia, levantamos cedo, tomamos café, arrumamos as malas e o apartamento e fomos para o Fórum de Madureira para a reunião com a psicóloga e a audiência com a juíza. Ganhamos a guarda provisória de Jéssica e Filipe e retornamos os cinco para Curitiba.

De modo geral, a adaptação com Jéssica e Filipe foi muito mais harmoniosa do que com o Alyson, talvez por Jéssica e Filipe estarem juntos. Fizemos um contrato básico de convivência com eles e uma rotina diária para os três. Funcionou muito bem e não precisamos agir com o mesmo rigor que tivemos que agir com Alyson.

No entanto, a adaptação também não foi sem dificuldades. Alyson e Jéssica se deram muito bem desde o início e isso provocava ciúmes em Filipe. Às vezes, Alyson o provocava de

Filipe no avião, indo para Curitiba

propósito, o que deixava Filipe mais irritado ainda. Por outro lado, de modo geral, se davam bem, mas, às vezes, também havia desentendimentos.

Passados aproximadamente seis meses desde a chegada de Jéssica e Filipe, a situação estourou. Um dia, David tinha compromisso fora e Toni estava viajando, a funcionária de casa, Romy, estava cuidando dos filhos. Quando David chegou, no final da tarde, Romy já tinha saído. Alyson estava com um arranhão no rosto. Disse que foi a cachorra Honey que fez quando estava brincando com ela na praça. Quando Romy chegou no dia seguinte, contou que houve uma briga entre as três crianças na hora do almoço no dia anterior, que tentou separá-las e também acabou ficando machucada. David colocou Jéssica e Filipe de castigo, cada um em seu quarto, olhando para a parede, até a hora de se aprontarem para a escola e almoçarem. Quando Alyson chegou do colégio, também teve o mesmo castigo, depois do almoço. A versão das crianças quanto ao que aconteceu no dia anterior foi de que Alyson chegou de mau humor da escola e se sentou propositalmente na mochila de Jéssica, estragando algo frágil que tinha dentro. Jéssica foi para cima de Alyson que, por sua vez, tentou agredi-la fisicamente e, assim, Filipe foi defendê-la: "Filipe tacou a vassoura no Alyson duas vezes na cabeça e no rosto" (eis o arranhão), "Jéssica pegou a vassoura para bater no Alyson. Alyson pegou no cabelo da Jéssica e chutou ela. Filipe tacou um brinquedo no Alyson, mas acertou a Romynha e a gengiva dela ficou roxa". Esse foi o pior desentendimento que tiveram. Ou seja, é preciso estar preparado não só para coisas boas, mas também para contratempos.

A sentença de adoção de Jéssica e Filipe foi proferida em maio de 2015. No entanto, só para variar, houve um recurso por parte da Defensoria Pública, de modo que somente no final de junho de 2016 foi oficializada a adoção e, com isso, recebemos as novas certidões de nascimento. Nesse processo, tivemos muita ajuda do movimento dos grupos de apoio à adoção e, em especial, dos padrinhos do Alyson que finalizaram o processo da emissão das novas certidões no Rio.

Inclusive, quando as certidões chegaram, inauguramos em nossa casa um quadro com o documento oficial da nossa união, as certidões de nascimento de Alyson Miguel Harrad Reis, Jéssica Alice Harrad Reis e Filipe Augusto Harrad Reis. Colocamos o quadro num lugar bem visível na sala, para que todos os dias possamos vê-lo – e o que representa – e pensar que valeu a pena não desistir.

> Minha família pode não ter um pai e uma mãe, mas ela tem dois pais e tem muito amor, muito mesmo. Nunca fui tão amado. Amo muito vocês. Obrigado por tudo que vocês fizeram por mim e principalmente meus pais Toni Reis e David Harrad, obrigado por todos os limites que colocaram e estão colocando em minha vida. Não me arrependo de ter dito sim no dia quando a mulher do fórum perguntou se eu queria conhecê-los e foi a melhor coisa que fiz em minha vida. Agradeço cada estresse que teve nesses seis anos que me fizeram melhorar e muito. Hoje não posso dizer que sou o mesmo Alyson de seis anos atrás. Claro que não sou perfeito, ainda tenho a melhorar como todo mundo, porque ninguém é perfeito. E agora sinto que Jessica e Filipe são meus irmãos de verdade oficialmente porque já chegou o registro deles com o nome "Harrad Reis" Amo vocês demais. Obrigado por tudo. Somos Harrad Reis
>
>

10 anos depois

No momento da publicação deste livro, Dia dos Pais de 2021, estão se completando 10 anos desde que conhecemos Alyson pela primeira vez e iniciamos o processo de adoção dos filhos e da filha. Alyson está com 20 anos e leva uma vida independente. Mudou bastante, de um menino que tinha uma abundância de energia e não parava quieto para um jovem que não tem pressa e gosta de dormir bastante. Na maior parte do tempo, desde os 18 anos, não mora mais em casa, embora volte de vez em quando e sempre é bem-vindo. Em 2020, retornou à família biológica no Rio de Janeiro, sobretudo para rever a avó, que, infelizmente, acabou falecendo durante sua visita de quase oito meses. Disse que chegou a perdoar a mãe pelo que aconteceu em sua infância e agora se mantêm em contato frequente. Está fazendo um curso de graduação em Educação Física, que talvez combine de alguma forma com sua paixão por dançar.

Jéssica está com 18 anos e está no último ano do ensino médio. De uma menina que completou 11 anos sem saber ler, tornou-se uma das melhores alunas do colégio e geralmente tira honra ao mérito todo trimestre quando da entrega das notas. Está bastante madura em sua forma de pensamento, tem planos claros e é determinada.

Filipe está completando 16 anos e está no 9º ano. Não é fã dos estudos, mas passa de ano e seu desempenho acadêmico vem aumentando. Tem paixão por futebol e sonha em ser um jogador profissional. Também está em seus planos ser veterinário ou, pelo menos, ter uma loja do tipo *pet shop*. Continua sendo bem-humorado e disposto a ajudar os outros.

Nem tudo tem sido um mar de rosas, mas a experiência da adoção tem sido muito gratificante para nós enquanto possibilidade de realizar o sonho da paternidade. Os três filhos têm tido muitas oportunidades, carinho, afeto e apoio que não teriam tido na situação que fez com que viessem a entrar na fila da adoção. Foi fundamental nesse processo o apoio da família estendida, das vovós Araci e Hália, dos grupos de apoio à adoção, das Varas da Infância, do escoteiro e da escola.

Foram muitos(as) profissionais que nos ajudaram jurídica, psicológica e moralmente, incluindo a Dr.ª Silvana do Monte Moreira, a juíza Mônica Labuto, a Dr.ª Maria Berenice Dias, a Dr.ª Gianna Andreatta, o ministro Marco Aurélio e a ministra Carmem Lúcia do Supremo Tribunal Federal, as comadres e os compadres, as amigas e os amigos... E mais uma infinidade de pessoas que torceram por nós.

Foi reforçado, mais uma vez, o aprendizado em nossa vida como casal. É preciso lutar por aquilo que você quer, pode levar anos, mas com persistência e convicção, mesmo diante de adversidades, você conseguirá.

Todo mundo saiu ganhando com as adoções e somos uma família bastante unida e feliz!

Nosso apartamento era mais organizado, mas tinha uma monotonia. Hoje é mais bagunçado, mas tem mais alegria. Cá entre nós, está mais sujinho, mas tem mais beijinhos. Tem mais coisas quebradas, mais abraços, mais alegria, mais bagunça, mais estresse, menos dinheiro, mais responsabilidade, mais compromisso, mais felicidade, mais relacionamento, mais planejamento, menos tranquilidade, menos monotonia, mais brigas pelo controle remoto, mais ciúme.

Somando tudo, multiplicando tudo, dividindo tudo, subtraindo algumas coisas...

Muita felicidade e realização. Tudo o que queremos. Tem mais preocupações e menos depressões irreais. Temos que dar limites e temos que ouvir. Saímos de uma bolha individualista para entrar num mundo coletivo de pessoas e animais. Que viva a família de todas as cores e todos os amores. Que viva a família de fato e de direito.

Entre perdas e ganhos, entre orgulho e arrependimento, sobrou amor e realização. Valeu a pena. Muitas emoções, pouquíssimas decepções e muito, muito entusiasmo de escolher o que somos e fazemos.

Quando pensamos em adotar, pensamos que íamos "arrumar pra cabeça", mas é muito melhor tê-los do que não tê-los.

O QUE PERGUNTAM SOBRE NOSSA FAMÍLIA

Toni foi convidado para participar da posse do ex-presidente do Supremo Tribunal Federal (STF), ministro Dias Toffoli, em setembro de 2018. Conversou com um desembargador sobre o quão importante o STF tem sido para a comunidade LGBTI+ e para nós dois, Toni e David, dando como exemplos o reconhecimento da união estável/casamento igualitário e a adoção por casais homoafetivos. Comentou que adotamos três filhos. Para a surpresa do Toni, o desembargador perguntou se educamos os filhos para serem gays...

Em 2017, durante uma conversa em família, um dos nossos filhos contou sobre uma perguntou que fizeram para ele na escola sobre como era ter dois pais gays. Os outros dois filhos comentaram que já aconteceu com eles também, tanto na escola como em outros lugares. Então, pedimos para cada um escrever as perguntas que ainda lembravam e as respostas que deram. Aqui está um resumo das principais perguntas e respostas.

Como assim dois pais? São dois homens casados?

Sim, dois homens casados, inclusive reconhecidos pelas leis do nosso país e pelo Supremo Tribunal Federal.

Sim, eles são exatamente dois homens casados.

Como é ter dois pais?

É a mesma coisa de ter um pai e uma mãe.

Como é ter um pai e uma mãe?

Viver com dois pais é muito legal.

Qual foi a sua primeira reação ao saber que dois homens queriam te adotar?

A primeira reação foi de susto, porque eu não gostava de gays, porque em todos os lugares que passei desde a minha infância me ensinaram que gays eram pessoas ruins.

Foi a coisa mais alegre da minha vida, ter uma família novamente.

Eu imaginava eles bem chatos e ignorantes, mas afinal eles são muito legais e bacanas.

Cadê sua mãe?

Eu não tenho mãe, eu tenho dois pais.

No Rio de Janeiro.

Posso falar com sua mãe?

Não, porque não tenho mãe, tenho dois pais.

Qual é o nome da sua mãe?

Não sei, porque não tenho mãe.

Sua mãe está?

Não tenho mãe, tenho dois pais. Quer falar com um deles?

Você não sente falta de uma mãe na sua vida?

Não, porque meus dois pais já servem como mãe para mim e me dão muito amor.

Qual deles é a mãe?

Para mim, os dois são pais e os dois são mães. Não tem essa de quem é a mãe. Tem muitas famílias por aí que só têm mãe e filho, ou pai e filho e, muitas vezes, a mãe faz papel de pai e o pai faz papel de mãe.

O que fazem no Dia das Mães?

Nós organizamos um café dá manhã para o dia dos "Pães".

Nós damos presente para os dois, porque os dois são a mãe e os dois são o pai.

Você não tem vergonha de ter dois pais?

Não tenho, nunca tive e por que teria?

Não, pelo contrário, eu sinto muito orgulho deles.

Nunca. Meus amigos sempre gostaram deles.

Quando você sai na rua com seus pais, você se sente estranha com isso, ou não?

Não, eu me sinto bem feliz, não estranha.

Seus pais te influenciam a ser gay?

Não, não me influenciam a ser nada. Eles dizem que independente do que eu seja, eles me amarão.

Não sei, estou me desenvolvendo ainda. Eu gosto de pessoas e não de genitália.

Você sofre algum preconceito por ter dois pais?

Não sofro, mas já sofri. Eu sempre tive um jeito meio afeminado e todos acham que é influência dos meus pais.

Eles são gays e você vai ser lésbica?

Não é porque eles são gays que eu vou ser lésbica. Eu vou ser o que eu quiser e não é a opinião dos outros que vai me definir.

Eles ensinam você a ser lésbica?

Eles nunca me ensinaram a ser lésbica. Se eu quiser ser lésbica ou não, o problema é meu.

Quando você crescer, vai ser lésbica ou hétero?

Vou ser o que eu quiser e bem entender.

Você foi adotado ou é filho biológico de um deles?

Fui adotado pelos dois.

Eles são seus irmãos de sangue?

O que importa é o amor que sinto por eles dois.

Seus pais são afeminados?

Não, se você olhar para eles não percebe que são gays, nem parecem, mas nunca julgue o livro pela capa, existem muitos héteros afeminados por aí.

Quem é o ativo e quem é o passivo?

Olha, eu não sei e nem quero saber, isso é da intimidade dos meus pais, mas independente de quem é passivo e quem ativo, eles se amam.

Eles fazem sexo na frente de vocês?

Não, eles super respeitam a gente.

Não. Nunca fizeram nada da intimidade deles na nossa frente.

Nunca, eles nos respeitam muito mesmo.

Seus pais já sentiram atração por você?

Não, o amor deles por mim é de pai para filho.

Eles trocam carinho na frente de vocês?

Sim, eles também dão carinho para nós.

Sim, se abraçam e se beijam.

Você conversa sobre sexualidade com seus pais?

Sim, eles me entendem e me dão conselhos.

Sim, isso nunca foi tabu dentro da nossa casa. Contamos tudo para nossos pais, não temos vergonha de nada.

Vocês não queriam uma família normal?

Não preciso de uma família original para ser feliz.

Minha família é normal como todas as outras.

Você acha sua família normal?

Minha família é normal e sempre vai ser.

E vocês são família? Vocês não são família.

Família é quem ama e cuida da educação, e eles fazem isso muito bem.

Você poderia me dar o telefone da sua opinião. Talvez um dia eu ligue para ela.

O que as pessoas falam sobre sua família?

Uns falam que não somos família, outros dizem que somos família. Outros dizem nada, não aceitam, mas respeitam.

Algumas falam mal, outras falam bem.

Você se sente bem dentro de casa?

Me sinto ótimo. Amo estar perto dos meus pais, dos meus irmãos e dos meus animais.

Como é sua convivência com seus pais?

É uma convivência normal e boa, sempre me dei bem com meus pais.

Eu convivo bem, regras e alguns contratos. É legal ter regras, você convive bem.

Como você se sente agora?

Eu me sinto muito feliz, por ser adotada.

Me sinto muito bem com tudo que me transformei e com minha família.

Você confia em seus pais?

Confio, porque eles nunca mentiram para mim, sempre disseram a verdade.

Confio 100% neles, sei que posso confiar de olhos fechados.

Eles são bravos?

Quando a gente faz algo errado, eles ficam meio bravos, mas passa.

São bravos quando descumprimos os combinados.

Eles são amorosos?

São muito carinhosos, tem carinho por todo lado.

São sim, eles dão muito amor para mim e para os meus irmãos.

A EDUCAÇÃO DOS FILHOS E DA FILHA

Existe a educação formal, na escola ou estabelecimento educacional, mas também e talvez mais importante, existe a educação que as crianças e os adolescentes adquirem junto às suas famílias e na interação social, desde que nascem.

Onde começar na educação de duas crianças que chegaram com 11 anos de idade e outra com 8? Crianças que já tiveram toda uma educação anterior em ambientes e contextos muito diferentes. E, ainda, agora com dois pais de primeira viagem. A pedagogia do erro e acerto!

Ovo, farofa e funk

Os três filhos vieram de comunidades do subúrbio do Rio de Janeiro. Muito diferente de morar em um apartamento no centro de Curitiba com dois pais de classe média. Outros hábitos alimentares, outros hábitos culturais. Alyson chegou a comentar que estranhava bastante alguns dos nossos pratos e gostos, *"mushrooms, eisbein, coq au vin, sertanejo..."*! A família biológica de Alyson perdeu a guarda dele após alguém ter denunciado maus-tratos. Depois, Alyson morou em uma série de abrigos e com uma "família acolhedora". Por outro lado, sempre frequentou a escola e não estava atrasado com os estudos. Na segunda visita ao Rio para conhecer melhor Jéssica e Filipe, Filipe começou a contar sobre os personagens do tráfico de drogas na comunidade onde moravam. Cada traficante tinha um apelido, alguns até engraçados, Rinoceronte, por exemplo. Parece que Filipe foi "aviãozinho" do tráfico. Ambos contavam que, para eles, na comunidade, "a regra era não ter regra", que não tinham hora certa para dormir, levantar e nem para se alimentar. Que, às vezes, pediam dinheiro das pessoas para poderem comprar alguma coisa para comer. Não frequentavam a escola e não sabiam ler ou escrever. Em função disso, também acabaram morando com uma "família acolhedora" enquanto aguardavam a adoção.

Educação em casa

Começando com Alyson, que veio integrar nossa família em dezembro de 2011, quase dois anos e meio antes de Jéssica e Filipe. Já nos primeiros dias, ficou evidente que não iria ser fácil a adaptação dele ao estilo de vida mais ou menos "todo certinho" dos novos pais. Muitas vezes, respondia de forma mal educada ou fazia birra. Tivemos que aprender rapidamente a lidar com isso para que as coisas não saíssem do controle. Tivemos que ser bastante rígidos com ele.

Na segunda semana de janeiro de 2012, fomos para Montevidéu com Alyson para a defesa da tese de doutorado do Toni. Também nos acompanhou na viagem uma das "avós" adotivas do Alyson, a professora Araci. Alyson e Araci deram-se muito bem. Foi aí que surgiu uma diferenciação no comportamento do Alyson, que, um dia, chegou a dizer "Avó é para obedecer, pais são para desobedecer". Dito e feito, com Araci ele se comportava perfeitamente, enquanto conosco continuava testando limites, às vezes, desobedecendo e respondendo.

De volta ao Brasil, foi num desses episódios de desobedecer e responder que surgiu o "contrato" ou "combinado". Inicialmente, o castigo que demos ao Alyson foi de ficar no quarto dele em "reflexão" sobre o acontecido. No início, ele chorava e se comportava como uma criança menor. Parecia que só entendia quando gritava com ele e botava de castigo.

Sem dúvida, uma herança das convivências anteriores. No entanto, a mudança não demorou. Logo não chorava mais e foi saindo do quarto para pedir desculpas e conversar. Assim, paramos de mandar para o quarto e, em vez disso, fazíamos um tipo de "reunião familiar" para discutir o que aconteceu e achar soluções. Foi nessas conversas que se estabeleceram as "cláusulas" do contrato, que foi feito por escrito e assinado. Para cada situação, conversamos juntos sobre o que estava aceitável ou não e qual seria o "castigo" em caso de repetição. Logo foi criado um sistema de multas. Conforme a gravidade da falta, a multa era maior e era descontado da mesada do Alyson (tinha um livro caixa para isso). Tinha uma tabela de multas, um formulário de aplicação da multa – a pessoa que aplicava e o próprio Alyson assinavam. Inicialmente, o contrato inteiro era revisto uma vez por mês e modificado conforme necessário.

  No início, o contrato cresceu rapidamente, depois estabilizou até que muita coisa já passou a ser vencida e houve poucos acréscimos de um mês para outro. Depois de seis ou sete meses, começamos apenas a ver mensalmente o que estava "pegando" em vez de rever o contrato inteiro. A metodologia do contrato deu certo para nós, embora tenha sido nos falado alguns anos depois que, teoricamente, a metodologia deveria ser o contrário, isto é, dar recompensas para elogiar e valorizar os bons comportamentos para que os maus comportamentos diminuíssem.

  Alyson começou a responder e desobedecer muito menos e não foi um processo de imposição, mas sim de diálogo e estabelecimento de limites claros. O contrato serviu de norte em situações de desentendimento. Com o tempo, não precisou mais do contrato.

  Com Jéssica e Filipe, fizemos um pequeno contrato com cada um deles ainda na segunda visita de aproximação, alguns dias antes de virem morar conosco em Curitiba. O contrato deles foi muito menos complexo do que o do Alyson e se baseou, principalmente, no que observamos durante as duas visitas de aproximação.

Surgiram outros documentos além do contrato.

Primeiro, houve a rotina diária, uma tabela com os dias da semana e os horários do dia, preenchida com as atividades a serem realizadas pelos três filhos, conforme o dia e o horário, e era assinada por toda a família. Por exemplo, a hora de levantar e ir dormir, escovar os dentes, tomar banho, estar na escola, fazer o dever de casa, sair com os cachorros, tempo livre, escoteiro, natação, dança, horários das refeições... Os três filhos também ajudavam a cuidar da casa e dos animais de estimação, três cachorros e cinco gatos (quando Alyson chegou, só tínhamos um cachorro, mas ele foi adotando cachorros e gatos). No almoço, é feita uma refeição igual para toda a família. Já à noite, de segunda à quinta-feira, os filhos preparam comida só para eles e cada um tem sua vez para preparar a comida para os três. Isso também constava na rotina, a qual tinha como objetivo ensinar os filhos a terem organização.

Outro limite que foi estabelecido nesse sentido foi a hora de chegar em casa, com vistas à segurança dos filhos e da filha. Tinha em torno de meia hora de tolerância para chegar em casa depois da escola – vinham a pé, porque as escolas ficavam perto de casa. E à noite, caso saíssem com amigos(as), por exemplo, tinham que estar em casa até 20h30.

Com o tempo, apareceram outros documentos que foram utilizados de vez em quando com os três filhos, quando necessário:

O TAC – Termo de Ajuste de Comportamento: quando ocorria alguma situação que não era aceitável para os pais, o filho ou a filha escrevia o que fez de errado, analisava por que fez, escrevia como iria tentar evitar que ocorresse novamente e, conforme fosse, definia a forma de reflexão sobre o que fez (ex.: ficar dois dias sem poder assistir à televisão, ficar dois dias sem o celular etc.). Toda a família assinava o Termo. Se o comportamento ocorresse em outro lugar, como a escola, por exemplo, o Termo ia também para assinatura do/da pedagogo(a) ou professor(a) que reclamou;

O TCLE – Termo de Comprometimento Livre e Esclarecido: é o compromisso assumido com ciência pelo filho ou pela filha. Está concordando em assumi-lo. Por exemplo, Filipe queria um videogame como presente de aniversário, em contrapartida, assumiu por escrito o compromisso de deixar o quarto sempre arrumado e se comportar bem na escola;

Por último, tem o planejamento anual: "quando se navega sem destino, nenhum vento é favorável". Todo ano, desde 2001, durante as férias de fim de ano, nós, Toni e David, fazemos nosso planejamento pessoal para o próximo ano. Nesse documento, definimos nossa Missão (razão de vida), nossos Princípios (uma regra fundamental, norma de conduta, modo de ver e de ser) e nossa Visão (como vê o futuro próprio, como quer ser). Em seguida, fazemos a análise FOFA – fortalezas (nossas), oportunidades (externas), fraquezas (nossas), ameaças (externas). Em cima dessa análise, é feito um plano a fim de aproveitar as coisas boas identificadas e achar respostas para as coisas ruins no decorrer do próximo ano, na medida do possível. Cada um faz seu planejamento individual. É importante ter uma noção do que se pretende fazer, mesmo que não consiga realizar tudo que planejou.

É muito importante escrever o que se planeja fazer, para não ficar o dito pelo não dito, colocar prazos, datas, indicadores e meios de verificação, para não ser um planejamento etéreo e não postergar o que planejou. Por outro lado, não precisa ficar escravo do planejamento, é um porto seguro, uma base para fazer uma avaliação. É fundamental parar e analisar.

Desde que moram conosco, Alyson, Jéssica e Filipe também fazem seus planejamentos anuais e fazemos um planejamento conjunto da família contendo, por exemplo, coisas que vamos fazer juntos, como viagens. Nos primeiros anos, os contratos dos filhos também foram revisados e atualizados como parte do planejamento.

Aqui está um exemplo de parte do planejamento da Jéssica para o ano de 2021:

Planejamento tático e estratégico de vida 2021 em diante

Jéssica Alice Harrad Reis

Missão (Por que está vivendo?)

Ser feliz e conviver bem com a minha família nuclear e estendida, e com meus amigos.

Meus valores e princípios (uma regra fundamental, norma de conduta, modo de ver e de ser)

Amizade (laços fortes – [nomes das/dos amigas/amigos]), determinação (poder de querer fazer), ser afetuosa (dar carinho), honestidade (falar a verdade), respeitar as regras estabelecidas na família (desde que sejam justas) e ter autonomia (fazer as coisas sem alguém precisar mandar), ser educada (falar as palavrinhas mágicas e não palavras de baixo calão).

Visão (como ver o futuro próprio, como quer ser)

Ser uma pessoa independente, sempre cuidando das pessoas ao meu redor.

Análise Estratégica

Fortalezas	Deficiências
Determinada	Nem sempre cumpre a palavra
Tem capacidade de fazer as coisas que interessam	Nem sempre conclui o que faz
Companheira	Disponível demais para outras pessoas, em detrimento próprio
Solidária	

Tem liderança	Pode ser muito grossa ao responder
Ponderada	Ando descalço na casa (Pavlov)
Carinhosa	Omite
Amiga	
Reconhece o erro	
Gosto de arrumar a casa	
É estilosa	
Boa em lavar louça	
Jogar futebol	
É rápida	
É inteligente	
Conquistadora	
Carismática (eleita várias vezes para ser representante de turma)	
Sabe cozinhar	
Boa em matemática	
Tenho letra bonita	
Tenho facilidade de seguir as regras de casa	
Gosto de estudar outras línguas	
Tenho raciocínio em matemática	
Tenho capacidade de aprender	
Gosto de dançar	
Gosto de leitura	
Sou solidária com o Filipe na leitura dele	
Faço as tarefas da escola sem ninguém ter que pedir (sou autônoma)	
Sou bonita	

Oportunidades	**Ameaças**
Aprender outras línguas	Racismo
Viagens	Pessoas invejosas
Carteira de motorista	Falsidade alheia
Novos cursos	Machismo
	Pessoas desonestas

Vou fazer o último ano do ensino médio		
Estou estudando inglês, coreano e chinês		
Fiz o curso de modelo e tenho contrato		
Fez o curso do Prepara (informática)		

Atividade	Indicador	Meio de Verificação
Fazer um curso de inglês online	Aulas assistidas	Nota final
Consulta médica em janeiro	Consulta realizada	Resultado dos exames
Dentista – maio e novembro	2 Consultas realizadas	Dentes arrumados
E assim por diante...		

Saúde

Os cuidados com a saúde também fazem parte da educação. Logo que chegaram em nossa família, levamos tanto Alyson como Jéssica e Filipe ao médico para fazerem exame físico e coleta para exames laboratoriais. Alyson foi para a consulta sem problemas, mas, alguns dias depois, "soltou" uma tênia após ter tomado um vermífugo, se assustou, gritou, chorou e foi correndo para os braços do Toni. Já no caso de Jéssica e Filipe, ambos falaram para a médica que não confiam em pessoas vestidas de uniforme. Por acaso, a pediatra era carioca, com 30 anos de profissão e soube lidar muito bem com a situação. No dia de fazer a coleta, Filipe não quis se levantar e chorou. Mesmo assim, foram para a Unidade de Saúde e voltaram dentro de uma hora, bastante alegres. Também odiaram ter que colocar as vacinas em dia. Foi outra luta para convencer o Filipe e deixar a enfermeira aplicar a primeira injeção. Os exames mostraram que todos os três estavam bem de saúde.

No segundo dia deles em Curitiba, Toni levou Jéssica e Filipe ao dentista. Disseram que nunca tinham ido. Ficaram entediados enquanto esperavam para serem atendidos. Sentaram-se no chão. Não queriam nem abrir a boca. Filipe tinha cinco dentes de leite com cárie e Jéssica precisava fazer uma obturação e tratamento de canal. Não gostaram nada da ideia de ter que fazer tratamento, mas a dentista foi muito simpática, explicou tudo para eles e acabaram gostando dela. As consultas ficaram marcadas para a semana seguinte. Chegando lá, Jéssica foi atendida primeiro e a obturação ocorreu sem problemas. Na vez de Filipe, a dentista aplicou a anestesia local. Mesmo assim, ele não deixou a dentista fazer o tratamento. Gritou que estava doendo, se recusou de forma enfática, se esperneou. Tentaram durante uma hora e meia convencê-lo a deixar a dentista fazer o procedimento. Sem sucesso. Duas semanas depois, foram consultar com outro dentista. Dessa vez, Filipe deixou o dentista fazer uma extração e Jéssica continuou com o tratamento dela. Aos poucos se acostumaram com as visitas ao dentista e passaram a consultar a cada seis meses.

Educação na escola e em outros ambientes

Acreditamos no sistema público de educação. Assim, nossa filha e nossos dois filhos estudaram em uma escola municipal e dois colégios públicos perto de casa.

Em fevereiro de 2012, Alyson começou no 6º ano do ensino fundamental. No primeiro dia, David foi até o colégio com Alyson de manhã cedo, conversou com as pedagogas sobre o histórico de Alyson e o fato de ele ter dois pais gays. A resposta foi que a única novidade era ter dois pais, pois já tinha outros(as) estudantes com duas mães e havia uma professora transexual. Toni foi buscar Alyson na hora do almoço e conversou com a diretora e outros docentes. Foi importante fazer isso para deixar tudo às claras e ter o corpo docente preparado em caso de nosso arranjo familiar causar problemas de "bullying" para Alyson na escola. Em casa já havíamos abordado isso com ele.

Também foi importante ter essa aproximação com o colégio para poder acompanhar o desempenho e o comportamento dele. Acabamos indo diversas vezes, tanto por termos sido chamados como por conta própria. Apesar de ser criativo, vivaz e líder, Alyson também era curioso, tinha dificuldade em se concentrar e "se esparramava" (palavras dos/das professores/professoras) em vez de se sentar na carteira. São coisas que foram sendo trabalhadas gradativamente, tanto pelos(as) professores(as) quanto por nós. Acompanhamos de perto o caderno dele e os trabalhos de casa, ajudando quando precisava, verificando se fez e trabalhando junto na preparação para as provas. O rendimento escolar melhorou muito no segundo bimestre, com média acima de nove. No entanto, não dá para bobear! É preciso insistir. Para isso também foi estabelecido um horário para estudar em casa.

Depois de dois anos no colégio, Alyson estava chegando com frequência em casa com bilhetes sobre seu mau comportamento, além das ligações recebidas das pedagogas. No final, percebemos que não era só um caso de disciplina, já que nossas medidas de disciplina em casa não estavam tendo mais efeito sobre o comportamento dele no colégio. A solução foi um psicólogo. Depois de vários anos consultando com o psicólogo, Alyson melhorou muito e diminuíram bastante as reclamações sobre o comportamento dele no colégio.

Alyson considerava muito boa a escola do ensino fundamental II: "parece até privada de tão boa que é. As pedagogas são ótimas. Também ajudam a dar limites para mim. Meus amigos são muito legais. No entanto, às vezes tem colegas que fazem brincadeiras de mau gosto como, por exemplo, escrever atrás do armário (já duas vezes) coisas pejorativas sobre a minha família homoafetiva". Mais tarde, no ensino médio, os colegas de classe tinham outra mentalidade e o aceitavam como ele era.

Alyson passou a fazer natação duas vezes por semana e começou a frequentar os escoteiros. Também fazia aulas de dança cinco tardes por semana numa escola de dança onde teve a felicidade de ganhar uma bolsa, além de ter aulas particulares de inglês e matemática com metodologia japonesa.

Foram meios de Alyson ter uma vida própria, de certa forma, independente de nós, porém com acompanhamento, além de gastar a energia que ele tinha em quantidades copiosas.

Quando Jéssica e Filipe vieram para Curitiba, começaram a estudar em uma escola municipal (ensino fundamental I). No primeiro dia, fomos juntos e entregamos para a diretora e uma pedagoga um breve histórico por escrito sobre Jéssica e Filipe, a fim de contextualizar sua inserção na escola. Quando chegaram em casa, no final da tarde, perguntamos se gostaram da escola. Filipe respondeu: "Não gostei, não. Eu adorei!". Jéssica respondeu que gostou, mas que tinha "um monte de gente que ficou olhando para mim". Filipe começou no segundo ano e Jéssica no terceiro. Tiveram uma excelente acolhida por parte do corpo docente e foi feito um esforço especial para alfabetizá-los o mais rapidamente possível. Assim como Alyson, também tiveram aulas particulares de matemática e português com metodologia japonesa durante vários anos. Enquanto pais, nós nos envolvíamos em algumas das atividades da escola, como as festas juninas. David também passou a fazer parte do Conselho Escolar.

No início, Jéssica parecia ter dificuldades com algumas matérias, mas não demorou muito para ganhar confiança e começar a se sobressair e estudar com autonomia. Para Filipe, estudar sempre foi uma "chatice". Recebíamos reclamações tanto da escola quanto das aulas particulares que, às vezes, ele se recusava a estudar, saía muito da aula para tomar água ou ir ao banheiro, levantava-se e andava para lá e para cá na sala, distraindo as outras crianças. Assim, tivemos que acompanhá-lo mais de perto, inclusive estando na mesma sala enquanto fazia os deveres de casa, para orientar, se necessário, e também para ter a certeza de que estava de fato fazendo as tarefas. No primeiro ano da pandemia da COVID-19, sem aulas presenciais, de repente, Filipe começou a ter mais responsabilidade com os estudos e não precisou mais de tanto acompanhamento.

Como Jéssica estava com os estudos muito atrasados quando veio para Curitiba, acabou havendo um desnível entre a idade dela e a série em que ela estudava. No segundo ano do ensino fundamental II, ela fez um curso preparatório para o

Na escola com a diretora

Exame Nacional para Certificação de Competências de Jovens e Adultos (Encceja), o qual ela prestou no final de 2018. Ela passou e, com isso, conseguiu subir para o 1º do ensino médio, de modo a estar finalmente na série correspondente à sua idade. Mesmo não tendo cursado os últimos dois anos do ensino fundamental I, isto não a prejudicou no ensino médio, ela se tornou uma das melhores alunas, quase sempre ganhando honra ao mérito na entrega das notas. Ficamos muito orgulhosos da Jéssica, considerando que aos 11 anos ela não sabia ler ou escrever e, em cinco anos, conseguiu recuperar os estudos e se destacar como boa aluna.

Procuramos educar Alyson, Jéssica e Filipe para terem autonomia e para saberem se virar sozinhos, porém com segurança. Eles sabem que, segundo o Estatuto da Criança e do Adolescente, além de outras legislações, eles têm direitos, mas também têm deveres que precisam ser cumpridos. Todos os três vieram de situações nas quais tiveram que se virar sozinhos, sem o apoio de adultos. Por isso, uma vez morando conosco, iam e voltavam da escola sozinhos, pegavam o ônibus para ir para o escoteiro sem serem acompanhados pelos pais e assim por diante. Não queríamos criar os filhos e a filha em uma "redoma". Por outro lado, percebemos que tem que falar "três mil vezes" e que, talvez, na 3001ª vez vão aprender. Ou seja, nem sempre aprendem na hora. Às vezes, percebemos que foi alguns anos depois que começaram a demonstrar na prática que aprenderam o que foi ensinado.

Da mesma forma, ensinamos a não trazerem problemas para nós sem que tivessem, pelo menos, duas propostas de solução. Era uma forma de aprenderem a achar meios para que resolvessem seus próprios problemas.

Quando completarem/completaram 18 anos, terão/têm autonomia completa. Porém, se querem continuar morando conosco na mesma casa, devem – de comum acordo – obedecer às "regras da casa", nossa rotina e continuar colaborando com o cuidar da casa, apoiando-nos mutuamente.

Não ensinamos a acumular dinheiro, e sim a gastar dinheiro com estudos e viagens. Investimos na educação formal dos filhos e da filha. Também fizemos diversas viagens com eles, sendo um meio de conhecer outras culturas e realidades e perceber que existem muitas diferenças que devem ser respeitadas. Em 2017, passamos o mês de julho viajando com Alyson, Jéssica e Filipe pela Europa. Conheceram a Itália, a Inglaterra, a França, a Suíça, a Espanha e Portugal. Agora, em 2021, estamos com uma viagem marcada no mês de outubro para os Estados Unidos, que, talvez, seja a última vez que vamos viajar os cinco juntos, um tipo de rito de passagem. O plano é começar em Los Angeles, alugar um motorhome, conhecer Las Vegas e viajar pelo estado de Califórnia até San Francisco. Voar de lá para Nova York, com um dia em Washington e depois voar para Miami, alugar outro motorhome e conhecer a Flórida, incluindo a Disneylândia.

Com relação ao comportamento dos filhos e da filha com outras pessoas, adotamos a filosofia da B.U.N.D.A. – Bondade, Utilidade, Necessidade, Dignidade, Amor – em casa, nos ambientes fora de casa, na vida. Ou seja, para que falar alguma coisa que vai machucar a outra pessoa sem necessidade? Pensar na filosofia da B.U.N.D.A. antes de falar algo desnecessário.

Também foi muito discutido porque somos uma família visível, porque damos entrevistas para os meios de comunicação, estudantes de graduação, especialização, mestrado e doutorado. Nossa intenção não é "se exibir", mas sim mostrar que famílias com pais e mães homafetivos(as) existem, além de incentivar a adoção tardia.

Jantares, almoços e cafés filosóficos

Há muitos anos, – nem saberíamos dizer quantos, porque faz muito tempo – temos a tradição de fazer o "café filosófico" nos cafés da manhã das férias de fim de ano. Fazíamos isso antes mesmo da chegada dos filhos, junto aos amigos com quem passávamos as férias. Todo dia, uma pessoa diferente prepara as perguntas e conduz a roda de discussão. Cada pessoa na mesa tem que responder às perguntas. Geralmente, são três rodadas. No final, faz-se uma síntese dos principais pontos que surgiram. É um momento de reflexão e integração.

Viagem para a Europa em 2017, na Aiguille do Midi, Chamonix-Mont Blanc, França

Em determinado momento, após a chegada dos filhos, passamos a ter "jantares filosóficos" em casa, toda sexta-feira à noite, com a presença de todo mundo da família e, muitas vezes, com pelo menos uma pessoa convidada. Desligamos a TV, não atendemos aos celulares – com a justificativa de que estamos em compromisso de família – e conversamos durante umas duas horas, em média. Desde o final de 2019, tem até relatoria! David e Jéssica revezam durante o jantar para anotar o que as pessoas falam. Depois as anotações são digitadas e publicadas em algumas mídias sociais mais restritas, com uma foto de quem estava no jantar. No início, cada pessoa dá uma sugestão para os assuntos a serem conversados. No final, cada pessoa fala uma frase com hashtag, resumindo suas impressões da conversa e sugerindo uma manchete para o relato daquele jantar.

No jantar filosófico da sexta-feira, o prato é sempre espaguete, ou à bolonhesa, ou com molho de camarão. O prato virou tradição porque, na primeira vez em que David foi para a casa onde Toni morava em Londres, lá no início da relação em março de 1990, ele levou os ingredientes para fazer espaguete à bolonhesa e uma garrafa de vinho para jantarem juntos.

Muitas vezes, no jantar de sábado e no almoço de domingo, também nos sentamos à mesa e discutimos sobre um assunto, com menos formalidade, não com três rodadas e também sem relatoria. Com o advento do Coronavírus em 2020 e as medidas iniciais de distanciamento social, quase sem sairmos de casa, Toni teve a ideia de comermos pizza juntos na quarta-feira à noite em casa, para quebrar a monotonia dos dias sem fim "trancados" e termos um momento para conversarmos juntos. Então, também virou tradição a quarta-feira de pizza com conversa em família.

São momentos para dar avisos, conversar, planejar... Nesse momento, é importante a confirmação dos outros. Não existimos sozinhos, precisamos do outro, sempre na perspectiva positiva, sem brigar. Às vezes, há perguntas como "fale três qualidades que vê em cada pessoa presente e em si mesmo", "no que precisa de ajuda", sempre estabelecendo um contrato de confiança e confidencialidade. De certa forma, as conversas são terapêuticas. Também ajudam a fortalecer os laços familiares e os laços de afeto com os amigos.

Em termos da educação dos filhos, os jantares filosóficos têm ajudado a criar a habilidade de formular pensamentos, refletir, expressar opiniões com segurança e não ter medo de falar na frente de outras pessoas fora da família. Na escola, isso tem se manifestado na capacidade de liderança, sobretudo no caso da Jéssica.

Aqui está o relato de um jantar filosófico, para servir de ilustração. Foi nesse dia que discutimos em família sobre os objetivos deste livro.

Histórias para contar de uma família única.

Aproveite os momentos com a família, os pais não são para sempre.

Momentos únicos familiares.

Somos família.

Aguente firme que o rojão é forte.

Jantar filosófico, 29 de janeiro de 2021. Toni, David, Alyson, Jéssica e Filipe.

Despedida / "bota-fora" do Alyson, que na terça-feira vai morar em Brasília. Também, hoje tem uma pauta específica, o livro de família, que seria uma atualização do livro "Direito de amar: a história de um casal gay", publicado por Toni e David, em 1996.

1ª Rodada – três motivos para escrevermos este livro sobre a família, qual é o objetivo?

Filipe – (1) para mostrar que somos uma família igual às outras, não muda nada; (2) mostrar que todo tipo de família merece respeito; (3) famílias são todas iguais, só muda o jeito que são formadas.

Jéssica – (1) para mostrar que somos família; (2) para incentivar a adoção; (3) para ajudar as pessoas que têm medo de construir uma família ou até mesmo de adotar.

Alyson – (1) para mostrar que existimos; (2) mostrar um pouco mais da família Harrad Reis que as pessoas não sabem; (3) porque o livro é uma coisa que fica para sempre, tudo que vivemos vai ficar registrado.

David – (1) ser um registro/relato de como foi nossa família num determinado momento; (2) escrever sobre você é uma catarse, você bota para fora as coisas que você tem guardado dentro de você; (3) mostrar que é possível construir mais de um tipo de família, que não seja a tradicional.

Toni – (1) colocar no papel uma vivência, não para ser modelo, mas para mostrar que somos um dos 196 tipos de família (Petzold) existentes no mundo; (2) mostrar que a gente pode ser feliz do nosso jeito, da nossa forma, e que não queremos destruir a família de ninguém, simplesmente construir a nossa; (3) o mundo tem muita ignorância, muitas informações, conhecimentos, sabedoria... Estamos mostrando nossa realidade para reduzir o preconceito, o estigma e a discriminação contra as famílias homoafetivas. Nós plantamos o amor, o carinho e o afeto, colhemos realização pessoal, sentimento de pertencimento e autoestima.

2ª Rodada – o que eu aprendi com você (cada pessoa) e com a família:

Alyson/Filipe – com o Filipe aprendi a ter paciência, a lidar com o bullying, inclusive o bullying que eu fazia com ele, saber lidar com as próprias opiniões.

Alyson/Jéssica – aprendi a ter empatia, respeitar as pessoas e obedecer os pais.

Alyson/Dad – aprendi a cozinhar, ele me ensinou a ir em certos lugares sozinho e a estudar.

Alyson/pai Toni – saber lidar com os inimigos e o que falam mal de você, aprendi a ler também um pouco de filosofia, estudos gerais e também a curar a paixonite aguda.

Alyson/Família – aprendi a respeitar o próximo; esses momentos de intelectualidade com outras pessoas, saber se comportar em situações diferentes; aprendi a ser feliz do nosso jeito, com todos os problemas estamos felizes.

Filipe/Jéssica – aprendi a ter paciência.

Filipe/Dad – aprendi a cozinhar.

Filipe/pai Toni – aprendi a falar tudo na cara, o que estou sentindo, na hora.

Filipe/Alyson – a ser uma pessoa mais alegre.

[Digressão do Toni – tem que dar nome aos bois – ciúmes, possessões, afetos, são do inconsciente]

Filipe/Família – não deixe para amanhã o que você pode fazer hoje.

[procrastinar]

Jéssica/Filipe – aprendi a ser uma pessoa alegre.

Jéssica/Alyson – aprendi a fazer amizade rapidamente.

Jéssica/pai Toni – sempre tem que respeitar o próximo, especialmente os idosos.

Jéssica/Dad – que tem que ter paciência com o próximo, dar abraços ao próximo, às vezes não precisa falar, basta o abraço.

Jéssica/Família – que nós somos muito loucos, mas com responsabilidade, sabemos também ser sérios.

David/Jéssica – que é possível enfrentar as coisas e vencer acreditando e si mesmo.

David/Filipe – que é possível se controlar conforme a situação em que você está, apesar de sua natureza (ex.: Filipe gostava de brincar/jogar com os amigos fora de casa, mas no ano passado teve que ficar em casa por causa da pandemia e conseguiu).

David/Alyson – que a pessoa se adapta independentemente de onde ela veio, e que ela se desenvolve.

David/Toni – aprendi que tudo é possível, que o céu não tem limites, você pode ir além dos limites que são colocados no seu caminho.

David/Família – que a gente tem capacidade de se aguentar.

Toni/Alyson – aprendi a abstrair, ele "viaja", acredita em milagres, cria uma fantasia, que pode dar em tudo ou em nada. Tem resiliência, provou isso.

Toni/Filipe – a capacidade de vencer, de querer ajudar os outros, a disponibilidade para cuidar dos animais.

Toni/Jéssica – você é uma "galinha choca", quer colocar todo mundo embaixo das asas – é um orgulho você querer ajudar os outros, aprendi que tem algumas pessoas que eu e você temos que pegar para ajudar.

Toni/David – eu exagerava tudo, do jeitinho dele falou que não precisava, só falar do jeito que é. David é metódico – levanta cedo todo dia. Me ajudou a me aceitar com minhas qualidades e defeitos que eu trouxe de uma família, de uma sociedade, de uma religião. Hoje sou Toni Reis graças a você. Você me dá segurança.

Toni/Família – Aprendi a ser menos egoísta, a dividir meu tempo com vocês. Vocês cresceram, tenho que me acostumar com isso.

3ª Rodada – O momento mais feliz que passei nessa família:

Filipe – a viagem para a Europa.

Jéssica – quando a gente colocou a mesa do bar no meio do rio na "Terra Santa" e foi atendida pelo garçom e teve serenata do cantor.

Alyson – a viagem para a Europa. O dia que tiramos fotos em família no Jardim Botânico.

David – sem desmerecer o Alyson, o domingo no Rio na primeira visita que fizemos para conhecer Jéssica e Filipe, e que não queriam que fôssemos embora para Curitiba, queriam ficar juntos.

Toni – todos os momentos em que houve cumplicidade. Achei muito bonito o dia que a gente tirou foto com a bandeira do Vaticano atrás da gente, no batizado de vocês na catedral. É uma foto muito emblemática.

Hashtags – um resumo deste jantar de hoje

#MomentosFamiliares

#Despedida

#Oportunidades

#Reflexão

#DesapegosEApegos

Sugestões de manchetes (constam no início do relato)

Os livros dos filhos

Quando Alyson começou no 6º ano da escola, ele não ia muito bem em Português e precisava fazer reforço. Para ajudar nesse processo, foi incentivado a ler três livros por mês e a escrever uma breve resenha do que entendeu da história, o que aprendeu e o que tinha a ver com a vida dele. Alyson criou um blog, *Resenhas do Miguel*, e começou a postar suas resenhas lá. Durante o ano de 2013, Alyson desafiou o pai Toni, dizendo que queria ler apenas dois livros por mês e que em vez de ler o terceiro livro, ele iria escrever um livro. Dito e feito! Até o final de 2013, ele terminou o livro e foi aceito para publicação por uma editora de Curitiba. O livro *Jamily a holandesa negra: a história de uma adoção homoafetiva* foi lançado em agosto de 2014. Depois, escreveu outro livro, *Kayke, o menino transformado: uma história de adoção tardia, sofrimento e superação*, que foi lançado em 2017.

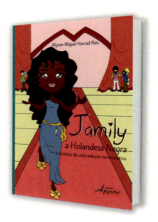

Quando Filipe começou a aprender e ler e escrever, ele também resolveu escrever um livro sobre essa experiência. Ele fez inicialmente na forma de desenhos, e em seguida foi acrescentando pequenos textos. O livro *Filipe 10 anos: o que aprendi da vida* foi lançado em 2018.

Assim como Alyson, Jéssica e Filipe são incentivados a ler livros e fazer resenhas. Saímos com os três, muitas vezes, no domingo, para visitar os sebos e escolher livros para ler e depois fazer as resenhas. A primeira resenha da Jéssica foi um desenho, uma vez que ainda não conseguia escrever. Depois disso, ela desenvolveu bastante e, desde 2015, vem alimentando seu blog *Resenhas da Alice* com suas resenhas. O blog do Filipe recebe o nome de *Resenhas do Augusto*. Os livros que os filhos leram passaram a compor uma mini "biblioteca unificada".

Algumas resenhas feitas por Alyson, Jéssica e Filipe

Estudante: Alyson Miguel Harrad Reis, 12 anos
Colégio Estadual Dezenove de Dezembro, 7º ano "a"
Resenha do livro: Odisseia
Edição: 2ª edição
Coleção: Melhoramentos

Odisseia

Depois da guerra de Troia contra Grécia, Odisseu estava voltando com seus homens (guerreiros) para sua cidade natal Ítaca, em um barco de madeira por nove dias até que avistaram uma ilha.

Foram para a ilha, lá encontraram um rebanho (conjunto de ovelhas) e uma caverna vazia cheia de queijo, eles pensavam que não tinha dono e roubaram a caverna do pastor, só que o pastor era um enorme ciclope.

Desconfiaram que era uma caverna de um gigante porque eles encontraram uma marca de pé dez vezes maior de que o pé deles e uma cama gigante.

O gigante chegou com suas amadas ovelhas e eles falaram assim "vamos ver o pastorzinho cuja caverna roubamos hahahahaha".

Então eles ficaram com medo porque era um gigante ciclope de um olho só.

Bem na hora que o ciclope estava com vontade de comer carne eles chegaram e o ciclope comeu dois homens do Odisseu.

Eles passaram por muitas ilhas até chegarem na ilha do deus do vento Èolo.

O deus do vento deu um saco cheio de vento para guiar o Odisseu até Ítaca, seus homens curiosos pensaram que tinha ouro e que o Odisseu queria o ouro só para ele.

Então enquanto Odisseu descansava os homens dele abriram o saco provocando um desastre enorme, uma ventania que levou eles até uma ilha desconhecida.

Seus homens ficaram com fome e foram caçar até chegarem em uma grande montanha e subiram chegando no alto da montanha.

Uma feiticeira chamada Cerce estava cantando para atrair os homens. Ela os convidou para entrar em seu castelo mágico, ela colocou veneno na comida deles, eles comeram e ficaram drogados e então ela pegou a sua varinha mágica e transformou todos em porcos.

Um dos homens que fugiu dela foi correndo até o mestre (Odisseu) e contou tudo para ele.

Ele foi até lá, ela também tentou enfeitiçá-lo só que ele era o Odisseu e todos respeitavam ele, e ela disse "para que seus homens voltem ao normal você tem de ir para a cama comigo" ele foi mas logo voltou e chamou seus homens para voltar para o barco.

Eles foram seguir suas jornadas. Chegaram até a serpente do mar nas rochas de Cila e Caribd.

A serpente tinha 6 cabeças com 8 dentes bem afiados em cada boca, nove pernas com uma unha bem grande, ela comeu todos os homens do Odisseu. Ele pulou no mar e nadou até a ilha da Calipso a deusa da dança. Ela acolheu ele por 7 anos até que chegou a hora de voltar para Ítaca.

Ele chegou a Ítaca bem velhinho que ninguém o reconheceu a não ser seu filho. Sua mulher Penélope pensou que ele tinha morrido e falou quem esticar o arco e acertar por seis canos e acertar na madeira ficará no lugar de Odisseu. O Odisseu bem velho conseguiu acertar e ele ficou novo novamente porque ele se tornou imortal e viveram felizes para sempre ele a Penélope e seu filho.

Essa história tem a ver com aminha vida porque eu lutava muito. Exemplo: eu brigava com um pedaço de madeira com meu inimigo no Morro do Fubá aonde eu vivia.

Resenhas por Jessica

4º ano b
Escola Municipal Batel
Curitiba, Paraná, Brasil.

Quem quer jogar futebol?

Autora: Vanessa Alexandre.
Editora: Bolsa Nacional do Livro.
Coleção: Eu, parte do mundo.

Marcelo perguntou quem queria jogar futebol, mas ninguém veio. 5 minutos depois, as crianças chegaram. Dividiram-se em time, Juliana era a juíza, Fabrício, João, Pedro, Ana Luiza, Paulo, Thiago, Leleco e Clara eram atacantes. Então começou o jogo. Foi um sucesso, mas já estava na hora de parar e tomar limonada.

Eu aprendi que em um grupo de pessoas podemos nos divertir.

Tem a ver com a minha vida porque sou louca por futebol, e amo jogar.

Aniversário de 15 anos de Marina

Autor: Maurício de Sousa
Resenha por Filipe Augusto Harrad Reis, 11 anos
Estudo na Escola Municipal Batel, Curitiba, Paraná.

Era uma vez uma menina que ia fazer uma festa e chamou todos para sua festa, mas uma moça, a bruxa, arruinou tudo e Marina ficou triste e ela foi embora. Fim.

O que eu aprendi com este livro: tomar cuidado com as pessoas.

O que tem a ver com a minha vida: Eu de vez em quando não tomo cuidado com as pessoas que convido e já aconteceu de uma pessoa arruinar minha festa. Ela levou um cachorro para a minha festa de cinco anos e o cachorro derrubou a comida.

Atividades de lazer

Inicialmente, Jéssica e Filipe juntaram-se a Alyson nas aulas de natação. À medida que Alyson foi se comprometendo mais com as aulas de dança, deixou de fazer natação. Filipe passou a ter aula de judô e passou a frequentar escolinhas de futebol. Jéssica fez natação, depois aulas de balé e em seguida foi selecionada por uma agência de modelos de Curitiba. Aos 13 anos teve um contrato de três anos como modelo fotográfica. A experiência de treinar para ser modelo foi muito importante para a autoestima dela e, como resultado, ela ficou muito mais segura de si.

Quando Jéssica fez 15 anos, o sonho dela era ter uma festa formal de "debutante". E ela teve. Foi no salão principal da sede da Sociedade Thalia em Curitiba, com amigos e amigas da família, do escoteiro, do colégio, entre outros. Houve o momento formal do rito, com mestra de cerimônia, discursos, uma homenagem dos escoteiros e a valsa da debutante, seguido de um jantar. Depois, divertimento e muita dança entre os jovens.

Em julho de 2016, Alyson fez sua primeira apresentação profissional como bailarino no Teatro Fernanda Montenegro, em

Natação

Curitiba, com 15 anos. Continuou, assim, ensaiando e fazendo apresentações até os 18 anos. Depois, deixou de ir às aulas, mas fazia shows com amigos em ambientes e eventos LGBTI+.

Escotismo

Os três foram escoteiros no mesmo grupo escoteiro. Foi excelente para o desenvolvimento deles. Isso porque *a metodologia do escotismo está baseada no sistema de autoeducação progressiva, complementar ao da família e da escola, e se desenvolve a partir da interação de vários elementos, que permitem aprender fazendo, o desenvolvimento do caráter, a aquisição de habilidades e competências, a independência e confiança em si mesmo, o sentido das tarefas e a aptidão para cooperar e conduzir.*[7] O escoteiro acontecia aos sábados à tarde. Os filhos gostavam muito de ir. Adoravam também ir para os acampamentos e para outras atividades promovidas pelos escoteiros. No sábado à noite, depois do escoteiro, durante o jantar, sempre conversávamos sobre o que fizeram e o que aprenderam. O escoteiro reforçava e acrescentava à educação e ao aprendizado que ocorria em casa, na escola e na vida.

Igrejas

Toni foi criado na fé católica e David na anglicana. Fazia muito tempo que não frequentávamos a igreja, porém, ambos sentimos que a educação que recebemos nas igrejas em nossa infância e adolescência também contribuiu positivamente, principalmente, nas noções do que é certo e errado, sobre a importância de tratar as pessoas com respeito e também acerca dos sentimentos de espiritualidade. Achamos que seria importante para Alyson, Jéssica e Filipe ter esse contato com a religião. Também achamos importante batizá-los.

Por algum tempo, só ficou no planejamento, sem se realizar. Mas em 2016, Toni foi atrás do batismo dos filhos na

Festa de 15 anos da Jéssica

Escoteiros

Igreja Católica. Tentou em quatro paróquias, mas recebeu um não redondo de cada uma delas. Assim, resolveu pedir uma audiência com Dom José Antonio Peruzzo, arcebispo de Curitiba. A audiência foi concedida e fomos nós dois e mais uma amiga, madrinha do Filipe. O entendimento do arcebispo foi que o fato de os filhos terem dois pais gays era irrelevante, porque não era o que estava em questão, e sim o batizado de Alyson, Jéssica e Filipe enquanto indivíduos. Ligou para o pároco da Catedral, já que moramos perto dessa paróquia, e mandou tomar as providências necessárias para o batismo. Em seguida, já na Catedral, ficou determinado que os três teriam que fazer um "curso" preparatório, o catecismo. Nisso, tivemos a felicidade de contar com a ajuda do amigo Sérgio, um estudioso da religião cristã, que semanalmente durante alguns meses repassava os conhecimentos necessários para poder proceder com o batismo.

No dia 23 de abril de 2017, Alyson, Jéssica e Filipe foram batizados na Catedral de Curitiba pelo diácono, muito simpático por sinal. Foi uma experiência muito emocionante para nós pais e para um grupo grande de pessoas que ficou na Catedral depois da missa para assistir ao batizado. Eu, Toni, me senti renovado, purificado e incluído, feliz por ter uma religião.

Naquele mesmo ano, estávamos com uma viagem para a Europa marcada para o mês de julho, em família, começando pela Itália. Resolvemos enviar uma carta para o Papa, junto a fotos do batizado, agradecendo e solicitando a possibilidade de sermos recebidos por ele durante nossa estada em Roma. Não recebemos uma resposta antes de viajar, mas na nossa volta estava esperando por nós uma carta do Vaticano com uma foto do Papa. Na carta constava "[...] o Papa Francisco lhe deseja felicidades, invocando para sua família a abundância das graças divinas, a fim de viverem constante e fielmente a condição de cristãos, como bons filhos de Deus e da Igreja, ao enviar-lhes uma propiciadora Bênção Apostólica [...]". Foi muito comovente, inclusive a carta está na parede da nossa sala, devidamente emoldurada como registro para nossa família. No Brasil, recebemos dois comentários extremamente preconceituosos, falando em abominação, mas o que mais

Batizado

Carta do Papa

SECRETARIA DE ESTADO

PRIMEIRA SECÇÃO - ASSUNTOS GERAIS

Vaticano, 10 de julho de 2017

Prezado Senhor,

O Santo Padre viu com apreço a sua carta, com a qual lhe exprimia sentimentos de estima e veneração e formulava votos pelos bons frutos espirituais do Seu ministério de Pastor da Igreja Universal.

Ao agradecer, da parte do Sucessor de Pedro, o testemunho de adesão e as palavras de homenagem, posso acrescentar: também o Papa Francisco lhe deseja felicidades, invocando para a sua família a abundância das graças divinas, a fim de viverem constante e fielmente a condição de cristãos, como bons filhos de Deus e da Igreja, ao enviar-lhes uma propiciadora Bênção Apostólica, pedindo que não se esqueçam de rezar por ele.

Aproveito a ocasião para lhe exprimir a minha fraterna estima em Cristo Senhor.

Mons. Paolo Borgia
Assessor para os Assuntos Gerais

Ilmo. Sr.
Toni **Reis**

CURITIBA (PR)

nos surpreendeu foi a repercussão internacional na América Latina e no Caribe, extremamente homofóbica e conservadora.

Também em 2017, fomos convidados para participar de um evento sobre a temática LGBTI+ na Catedral Anglicana de São Tiago, também em Curitiba. Sentimo-nos muito acolhidos. Aos poucos, começamos a frequentar não só a Catedral Católica, como também a Catedral Anglicana, alternando entre as duas. Os filhos falaram que preferiam a anglicana, porque havia mais interação. David gosta do coral e da música tocada no órgão da Catedral Católica, enquanto alguns dos hinos na Catedral Anglicana lhe trazem recordações da infância – mesmo que as palavras sejam em português, a música é a mesma.

Em 2018, após a eleição do presidente Bolsonaro, ficamos inseguros sobre como ficaria nossa situação jurídica enquanto casal gay, enquanto pais de Alyson, Jéssica e Filipe, e sobre o aumento concomitante da violência contra a comunidade LGBTI+ no Brasil no período das eleições. Portanto, resolvemos formalizar nosso casamento civil. Casamos no cartório no dia 8 de dezembro de 2018. Logo em seguida, fomos aceitos e recebidos integralmente pela Igreja Episcopal Anglicana do Brasil e fomos casados no religioso na Catedral Anglicana de São Tiago em Curitiba, pelo bispo Primaz da Igreja Anglicana do Brasil, dom Naudal Alves Gomes, que foi aplaudido pelo maravilhoso sermão que fez na ocasião do nosso casamento.

Continuamos a frequentar as duas igrejas, porém a pandemia da COVID-19, a partir de março de 2020, tem prejudicado nossa participação.

Algumas considerações

O que sentimos e observamos foi que os outros ambientes, como o clube no qual faziam natação, o escoteiro, as aulas particulares e as igrejas, formaram uma espécie de rede de apoio para nós na educação de Alyson, Jéssica e Filipe.

Também aprendemos que é importante não criar expectativas sobre como a criança ou adolescente adotado será,

Casamento

antes de conhecê-lo, sobre seu desempenho no ambiente educacional, sobre o que quer ser na vida. Logo depois da vinda de Jéssica e Filipe para Curitiba para fazer parte da nossa família, fomos falar sobre nossa experiência com adoção no V Encontro de Adoção Consciente. Houve um depoimento de um senhor de mais de 80 anos que marcou muito. Ele falou: "Não crie expectativas. Eu tive seis filhos biológicos e adotei mais quatro, e todos eram diferentes um do outro, cada um do seu jeito...".

Eu, Toni, sou torcedor do "Coxa Branca". Quando nossos filhos chegaram, eu queria que fossem também. Comprei o uniforme para eles, falei das vantagens. Dali um ano, um deles falou "Pai, não sou do Coxa, sou do Atlético", e os outros concordaram. Ou seja, não tive sucesso em querer direcionar a escolha deles quanto ao time de futebol. Imaginem como seria com a orientação sexual ou identidade de gênero deles... O que nós temos, em comum acordo, é o princípio de falar a verdade, não roubar, não prejudicar os outros, dar valor ao estudo, à educação informal e formal com valor máximo. A orientação sexual e identidade de gênero vai ser um processo de construção e, como pais, não somos nós que vamos influenciar para onde vai sua libido sexual. O que será, será. Quando aparece esse tema, conversamos natural e imparcialmente.

UMA PALAVRA FINAL PARA MÃES E PAIS QUE TÊM FILHOS LGBTI+

Quando somos crianças e jovens, nossa família é o ponto de referência, é quem nos dá segurança. Mesmo quando adultos, na maioria das vezes, essa ligação permanece muito forte. Desejamos que nossa família nos queira bem. O pertencer à família é importante para a autoestima de todos.

Entre as funções dos pais está, sem dúvida, dar educação aos filhos, para que estes cresçam integrados à sociedade conhecendo seus deveres e direitos. Contudo, é muito comum os pais extrapolarem a função de educador, querendo que os filhos realizem os ideais que eles (os pais) preconizam. Isso pode ter várias consequências. Principalmente para os jovens cujos pais querem determinar a maneira como levam a vida. Esses ou negam parte de si para atender ao desejo dos pais, ou se revoltam contra essa imposição.

Nos dois casos haverá conflito, interiorizado ou aberto.

Os pais devem procurar entender que os filhos são indivíduos, com personalidades, características e necessidades distintas. Devem ser educados para a vida, mas não lhes pode ser negado o direito à individualidade.

Filhos LGBTI+ têm a mesma necessidade de serem aceitos da forma como são. A rejeição da família os deixa infelizes. O processo de marginalização das pessoas LGBTI+, muitas vezes, começa em casa.

Para um filho que descobre que sente atração sexual por uma pessoa do mesmo sexo e não do sexo oposto, como foi condicionado a sentir, essa descoberta é um choque. Nesse momento, é fundamental o apoio e a compreensão da família.

Quanto mais cedo o filho ou a filha LGBTI+ puder assumir sua orientação sexual ou identidade de gênero, mais cedo ele ou ela se aceitará e conseguirá se integrar na sociedade. Não há melhor lugar para isso do que a família.

Por outro lado, o filho que não tem na família espaço para ser ele mesmo, que é obrigado a disfarçar sua sexualidade, ou que ao assumi-la é expulso de casa, vai enfrentar sérios problemas de autoaceitação. Sua felicidade, seu potencial e sua integração na vida ficam seriamente comprometidos.

Nossos filhos não deixam de ser nossos filhos por terem uma orientação sexual ou identidade de gênero diferente do convencional. Eles não deixam de amar seus pais ao se descobrirem LGBT e não querem deixar de ter o amor de seus pais por esse fato. O fato de serem LGBTI+ não diminui sua necessidade de amor e de aceitação.

A homossexualidade não é opção nem escolha. As pessoas **são** homossexuais. Não é modismo, não é desvio e tampouco doença. É um fato da vida. Ninguém optaria ou escolheria ter uma orientação sexual ou identidade de gênero que fizesse dele motivo de chacota, rejeição e exclusão.

Como isso em mente, pedimos que os pais de filhos LGBTI+ procurem respeitar e apoiar seus filhos, para que estes possam vir a ser adultos íntegros, com autoestima, confiantes no amor da família, que é o fato mais importante nas suas vidas.

Dona Maria, mãe do Toni, trouxe algumas recordações e comentários sobre sua experiência de mãe de homossexual.

Eduquei meus filhos todos da mesma maneira. A mesma educação que eu dei para o filho mais velho, eu dei para o mais novo. Toni foi criado sem o pai, mas educado como os outros. A educação... sempre dei educação para meus filhos. Eu fazia tudo; além de ensinar, pedia, chorava, rezava. Ensinei meus filhos a rezarem o terço toda santa noite, em cima de uma cama para nós agarrarmos o caminho de Deus. E sempre a educação foi única. O Antônio Luiz, o Toni, ele foi criado no meu colo. Ele tinha 8 aninhos e ia comigo na praça, na cidade. Eu morava no interior.

Eu tinha que levar e trazer ele no colo porque ele não gostava de caminhar na poeira. Ele foi muito bem obediente. Com 6 aninhos de idade já estudava, sabia ler, e nunca me respondeu. Uns anos em diante, com 8, 9, 10 anos, por ali, ele começou a se revoltar por causa desse problema, mas eu de nada sabia.

Eu nunca percebi nada diferente nele, nenhuma diferença nessa questão de homossexualidade. Só fui perceber essa diferença quando ele tinha 24, 25, quando ele mesmo me contou.

Eu considero que ele é uma pessoa inteligente, educada, uma pessoa que me trata muito bem, trata muito bem os irmãos, a cunhada, as sobrinhas. Não acho diferença nenhuma. O que eu quero para um, quero para todos eles.

Às vezes me perguntam o que levou o Toni a ser homossexual. Por que ele não é heterossexual, por que ele não gosta de mulher. Mas eu acho que ele já tinha que ser assim. Já nasceu assim. E isso aí não se troca, não tem um médico para trocar, não tem ninguém para rolar. É porque já veio por Deus. E isso ninguém desmancha.

Já me disseram que homossexualismo é pecado que a Igreja condena. Mas eu não acredito que seja pecado. Eu falei com o padre. Eu contei tudo para o padre. Ele falou que não é pecado. Eu me confessei, conversei com o padre. Contei que tinha um filho assim. Ele me disse que não é pecado, porque não é só meu filho que é. Tem muitas outras pessoas que são. Então eu acredito que o homossexual é filho de Deus também. Ele não é doente. Eu acho que ele é uma pessoa muito normal, muito sadia, com muita saúde. E isso eu espero que seja mandado por Deus. E naturalmente que não é só ele, tem muitas outras pessoas.

Quando eu soube que meu filho era homossexual, eu fiquei meio assim. Meio assim, senti dó por ele. Com dó de mim eu não fiquei, porque é com meu filho, não é comigo. Com dó desse filho em relação à vida dele. Mas se ele me diz que se sente bem, se sente feliz, se sente um homem realizado, é isso que importa.

Quando conheci o David, gostei muito dele, ele é como um filho para mim. O David é gente muito fina. Para mim ele é gente da família. Eu quero muito bem ele, porque ele me respeita muito. Não tenho queixa dele.

Quando me perguntam que conselho daria para uma mãe ou um pai que descobrisse que seu filho é homossexual, sempre digo que a primeira coisa seria procurar um médico, porque o médico esclareceria para ele. Agora, tem mais é se conformar com isso e aceitar, porque eu não vou maltratar uma pessoa. Como é que vou maltratar meu filho, o meu caçula, uma pessoa que sempre me tratou bem, sempre me ajudou?

Eu tenho muito orgulho do meu filho. Por causa que ele foi uma criança criada sem pai. Só o apoio da mãe, solito e com o apoio da mãe e Deus. E agora eu considero que quero muito bem meu filho, considero muito ele. Não tiro ele do pensamento nenhum minutinho. Todo dia. Só quando estou dormindo. Mas me acordei, a primeira pessoa que penso é ele.

E se essa lei que vai permitir a união civil entre duas pessoas do mesmo sexo[8] passar e se ele quiser casar com o David e me convidar, eu estarei lá, com certeza, e com todo orgulho de meu filho.

Dona Maria, 09/01/1931 – 19/05/2003, descanse em paz.

Toni e David com dona Maria (mãe do Toni), em Curitiba, 1996 (crédito: Júlio César Souza / Agência Multipress)

EPÍLOGO

Toni e David

Esta foi a história das nossas vidas, desde a infância até nosso encontro, e sobre os principais pontos dos nossos 31 anos juntos na data da publicação deste livro.

O que será que o futuro guarda para nós? Um filho já deixou o ninho e logo logo os outros voarão também.

Tem um texto atribuído ao Saramago que diz: "Filho é um ser que nos emprestaram para um curso intensivo de como amar alguém além de nós mesmos, de como mudar nossos piores defeitos para darmos os melhores exemplos e de aprendermos a ter coragem. Isto mesmo! Ser pai ou mãe é o maior ato de coragem que alguém pode ter, porque é se expor a todo tipo de dor, principalmente da incerteza de estar agindo corretamente e do medo de perder algo tão amado. Perder? Como? Não é nosso, recordam-se? Foi apenas um empréstimo".

Pois é! Provavelmente, estaremos a sós novamente. Queremos reduzir um pouco a velocidade do ritmo da nossa vida, sem, porém, parar com tudo, permanecer ativos enquanto pudermos. Planejamos viajar mais, conhecer novos lugares e revisitar outros. Passar mais tempo um na companhia do outro, até onde der.

Para conhecer alguns dos momentos importantes na vida da nossa família, visite nosso canal de youtube: https://www.youtube.com/c/ToniReisctba/channels

Em Alcântara-MA, fevereiro de 2021

Alyson

Eu fui um menino difícil de lidar, que aprendeu com a vida dando um tapa na sua cara por não ouvir os pais, mas também um menino talentoso e sonhador.

Quando eu era pequeno, aconteceram vários problemas familiares, por isso tive que sair da minha família biológica e ir para um abrigo até que me adotassem. Foi ruim, porque eu sentia muita falta da minha mãe.

Como eu era afeminado, eu sofria muito. Me falavam que tinha que ser homem, gostar de mulher. As crianças me deixavam de lado, não brincavam comigo e me chamavam de viado. Então, eu queria fugir. Comecei a fugir e voltar para a casa da minha vó. Depois de muitas fugas dos abrigos, me levaram para morar com a família acolhedora até que uma família me adotasse.

O pai acolhedor era testemunha de Jeová, então, eu sofri muito com ele, porém a mãe acolhedora sempre me entendeu. Eu sempre quis voltar para minha mãe, só que, depois de um tempo, comecei a esquecê-la.

E então, depois de dois anos na família acolhedora, apareceram Toni e David querendo me conhecer. No começo eu não queria, porque tudo que eu tinha aprendido no decorrer dos abrigos e na casa da mãe acolhedora sobre gays era que eu não deveria ser, que era do diabo, que eles eram estupradores. Então, a mãe acolhedora conversou comigo, olhou nos meus olhos e disse que eu já tinha 10 anos, era negro, afeminado e que ninguém ia querer me adotar, porque as pessoas queriam crianças menores de 5 anos, brancas e meninas, e que eu não podia perder essa oportunidade de ser feliz na vida. Então, eu fui e conheci Toni e David. Foi paixão à primeira vista.

O período de adaptação durou em torno de dois a três meses. Eles iam para Curitiba e voltavam ao Rio algumas vezes para sair e me conhecer. Depois, eu fui para Curitiba morar definitivamente. Na primeira visita deles ao Rio, eu os conquistei dizendo que eu queria ser médico e ao ensinar etiqueta no restaurante, mas sempre quis ser bailarino. Eles dizem que foi o golpe da galinha morta.

Alyson

No começo, foi um choque de cultura. Um menino favelado, bagunceiro, respondão, com duas pessoas supereducadas e etiquetadas. Então, conforme o tempo foi passando, fomos criando combinados para ajudar na minha educação. Na nossa casa havia apenas um cachorro, mas eu sempre gostei de animais. Então, eu trouxe alguns animais, o Black e a Honey.

Hoje, eu me vejo um garoto superado com tudo que aconteceu na minha vida e tenho muito a agradecer aos meus pais por tudo que fizeram e tentaram fazer por mim.

Eu e minha família vivemos muitos momentos felizes e maravilhosos, mas os três melhores foram a celebração dos 25 anos de casamento dos nossos pais, a viagem para a Europa em 2017 e a festa dos 25 anos do Grupo Dignidade.

Meus planos para o futuro são trabalhar, conseguir minha independência financeira, ser bailarino e professor. Quando eu casar, daqui a um tempo, penso em ter filhos.

Hoje em dia, eu não moro mais na casa dos meus pais, mas eu gosto muito de lá. Gosto do quartinho dos fundos, da sala, da sacada, eu gosto do apartamento todo.

Em todos os anos que vivi na casa dos meus pais, os jantares filosóficos me ensinaram muito, a viver, respeitar, obedecer, refletir sobre ações erradas, entre muitas outras coisas. Eu tenho muito orgulho dos meus pais, primeiramente, uma admiração muito grande por conseguirem fazer algo e ter paciência para educar uma pessoa tão difícil como eu. Me arrependo de não ter escutado muitas coisas, mas, todos os dias, eu penso e reflito que está dando tempo para mudar tudo que não fiz antes.

Jéssica

Sou uma menina que foi adotada aos 11 anos e que conseguiu mudar sua vida por completo.

Minha vida no Rio de Janeiro era confusa e estressante. Eu era apenas uma criança que queria ter uma infância normal e saudável, mas foi totalmente perturbadora. Vivi momentos bons e outros muito ruins, mas, tirando a parte difícil, minha vida foi boa. Tive uma ótima convivência com minha mãe e com meus irmãos, sempre ajudava no que eu podia dentro de casa.

Mas aconteceram alguns problemas e tivemos que deixar nossa mãe. Tudo ficou ruim e sem sentido, eu fiquei arrasada.

Assim, fui levada para a mãe acolhedora, onde passei quase um ano. Isso foi extremamente irritante para mim e para os meus irmãos, principalmente, o mais velho. Ele não se dava bem com a mãe acolhedora nem com a filha dela. Então ele fugiu, deixando eu e o Filipe lá.

Depois de alguns meses vivendo na casa da mãe acolhedora, a assistente social veio até nós e falou que havia um casal gay de Curitiba que queria nos adotar. Ela disse que Curitiba era um lugar muito frio. No começo, eu sentia vontade de voltar para minha mãe, de estar com ela novamente. Eu sentia falta dela, mas eu não voltei, eu não podia.

Nosso primeiro encontro com nossos futuros pais foi muito bom, totalmente diferente do que eu imaginava. Achei que não ia me dar bem com eles, mas no final deu tudo certo.

Chegamos em Curitiba, depois de uma viagem curta e adorável. Porém, quando saí do avião, estava muito frio, tanto que eu saí correndo de volta para o avião. Estava chovendo e bem gelado nesse dia, mas foi muito legal conhecer o frio.

Quando finalmente cheguei em Curitiba, achei tudo muito diferente, lindo e limpo. Um lugar com pessoas totalmente diferentes. Sempre achei os curitibanos um pouco fechados, até conhecer a cidade um pouco mais. Moramos perto de tudo. É um local alegre, tranquilo. Eu gosto muito daqui.

No começo, a adaptação foi um pouco complicada. Tínhamos costumes totalmente diferentes aos de nossos pais, mas aos poucos as coisas foram mudando.

Nós temos gatos e cachorros aqui em casa, sendo cinco gatos e dois cachorros, superfofos e alegres. Temos o Thor, Jequiti, Lilith, Frida, Locky, que são os gatos, Honey e Black que são os cachorros.

Graças a essa chance que eu tive na vida, eu sou uma pessoa mais inteligente, obediente. Gosto muito de me atua-

Jéssica

lizar. Mudei por completo, quase não reconheço aquela menina do passado.

Normalmente, quando as pessoas perguntam como é ter dois pais, eu digo que é muito legal e diferente, uma sensação única, explorar novos sentimentos e um novo mundo. Tenho orgulho de dizer que fui adotada por um casal gay. Eu agradeço muito por ter tido essa chance. Uma das coisas que eu mais gosto na minha família são as histórias da infância dos meus pais, como era viver em suas cidades, como eram suas brincadeiras. Adoro saber tudo sobre eles, principalmente do David que veio da Inglaterra, o que é bastante diferente.

Se eu não tivesse sido adotada eu seria uma sem-teto, sem estudos e largada, provavelmente, perdida no mundo das drogas ou da prostituição. Eu tive uma segunda chance, uma oportunidade de ter uma nova família, o que me trouxe novos caminhos e um novo futuro, pensamentos prósperos e positivos.

O significado de família, independentemente do gênero, é amor, carinho, compreensão, respeito e educação. É você saber que é bem-vindo em qualquer lugar em que sua família estiver. É saber que sempre conseguirá recarregar suas baterias com conselhos e sermões.

Minha festa de 15 anos foi o melhor momento que tivemos juntos. Dançamos, brincamos. Naquele dia não existiam adultos, eram todos crianças.

Outro momento foi o piquenique em Paris. Foi incrível e divertido, tiramos muitas fotos e comemos bastante.

Outra coisa que eu adorei foi o casamento dos meus pais em 2018. Foi demais! Eu adorei a cerimônia, foi encantador fazer parte desse momento.

Meus planos para o futuro são fazer universidade na China, me formar em Psicologia, Design de Moda e Produção Musical. Ter minha própria casa e ter uma boa condição. Não pretendo ter filhos ainda, haha... Mas, talvez, quando eu me formar e tiver condições, eu tenha um filho ou dois.

Uma das coisas que mais gosto no nosso apartamento é nosso minimuseu de fotos, muito encantador.

O principal aprendizado que eu tenho dos jantares filosóficos é sempre ser sincero e compreensivo, aprendo a filosofia do passado, histórias e culturas.

Eu tenho muito orgulho de ter dois pais, porque eles me inspiram, suas lutas me inspiram, a inteligência de ambos é magnífica. Eu realmente invejo isso nos meus pais, o jeito que eles defenderam o povo LGBTI+ é incrível. Eu não consigo expressar em poucas palavras o quanto eles me orgulham.

Obrigada, papais.

Eu simplesmente tenho a melhor família e sempre agradeço por essa chance que eu tive.

Filipe

Minha vida no Rio de Janeiro era meio bagunçada. Eu não tinha regra, eu podia fazer o que quisesse, podia dormir a hora que eu quisesse e acordar também.

Mas isso tudo acabou um dia e fui para uma casa de uma mãe acolhedora. Eu achei horrível não ter minha mãe mais.

Minha convivência com a mãe acolhedora não era muito boa. Eu sempre ficava de castigo, eu aprontava demais.

Tiveram algumas vezes que eu queria voltar para casa da minha mãe e ficar com ela, mas eu não podia.

Um dia, uma mulher chegou para minha irmã e disse que tinha um casal querendo adotar ela. Um casal gay. Minha irmã disse que não iria sem mim.

Então decidimos. No começo eu não gostei muito da ideia. Mas nos encontramos pela primeira vez com eles e eu corri, abracei o pai Toni e disse "eu quero uma família, pode ser até de gays."

Depois de alguns encontros, eu e minha irmã voltamos para Curitiba com eles. No começo, fez muito frio, mas depois fomos nos acostumando.

Quando chegamos em Curitiba foi muito estranho mudar de um lugar para o outro. Tinha muitos prédios e fazia muito frio. Eu não estava acostumado com muito frio.

Demorou bastante para eu poder me adaptar com frio e com as pessoas meio caladas. Tive que me acostumar a não falar muito com as pessoas.

Hoje, eu tenho cinco gatos e dois cachorros, e eles são muito fofos. Eles são muito brincalhões e chatos ao mesmo tempo.

Hoje eu me vejo como uma pessoa divertida, estudiosa, engraçada, inteligente, amigável, que vê o lado bom de tudo.

Em algumas ocasiões, pessoas perguntam como é quer ter dois pais. É normal. É como ter um pai e uma mãe, ou só uma mãe, ou duas mães, ou mesmo os avôs. E pronto!

O que eu mais gosto na nossa família é que a ela vê o lado bom de tudo e sempre tenta ajudar os outros.

Se eu não tivesse sido adotado, eu provavelmente estaria no mundo das drogas sendo traficante ou bandido, ou estaria preso, ou morto.

Família, para mim, são pessoas que sempre vão estar do seu lado. Não importa o que aconteça, você pode estar no pior momento da sua vida, eles vão sempre te ajudar.

Três coisas maravilhosas que eu passei nessa família foram os piqueniques, o casamento dos meus pais e a festa de 15 anos da minha irmã.

Meus planos para o futuro são ser veterinário ou lutador de boxe, ter minha casa e minha família.

Sobre os netos... eu vou dar netos para os meus pais, mas, provavelmente, quando eu estiver bem estabelecido na vida e tiver um emprego fixo, uma boa casa, um bom carro.

Nas conversas que nós temos durante o jantar eu aprendi muita coisa sobre filósofos, sobre a vida, sobre outras pessoas.

E eu me orgulho de ter dois pais, porque eles sempre me ajudaram a ficar melhor quando eu sempre precisei, e eu vou fazer o máximo para ajudá-los.

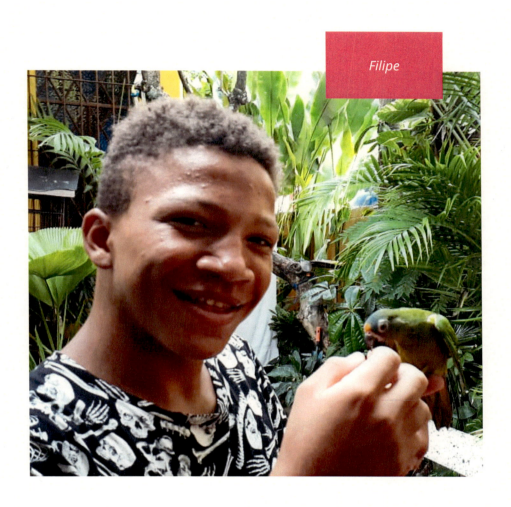

Filipe